VOCÊ PODE MUDAR
SUA VIDA

CHERYL RICHARDSON

VOCÊ PODE MUDAR SUA VIDA

52 ATIVIDADES PARA TRANSFORMAR E ENRIQUECER O SEU DIA-A-DIA

SEXTANTE

Título original em inglês: *Life Makeovers*

tradução
Pedro Jorgensen Junior

preparo de original
Virginie Leite

revisão
Antonio dos Prazeres
Sérgio Bellinello Soares

capa
Silvana Mattievich

diagramação
Marcia Raed

fotolitos
R. R. Donnelley América Latina

impressão e acabamento
Cromosete Gráfica e Editora Ltda.

CIP-BRASIL. CATALOGAÇÃO-NA-FONTE
SINDICATO NACIONAL DOS EDITORES DE LIVROS, RJ

R389v

Richardson, Cheryl
Você pode mudar sua vida
/ Cheryl Richardson ; tradução de Pedro Jorgensen Junior. – Rio de Janeiro : Sextante, 2003.

Tradução de: Life makeovers
ISBN 85-7542-090-9

1. Conduta. 2. Mudança (psicologia). 3. Auto-realização (psicologia).
I. Título

03-2061 CDD 158-1
CDU 159.947

Editora Sextante (GMT Editores Ltda.)
Rua Voluntários da Pátria, 45 – Gr. 1.404 – Botafogo
22270-000 – Rio de Janeiro – RJ
Tel.: (21) 2286-9944 – Fax: (21) 2286-9244
Central de Atendimento: 0800-22-6306
E-mail: atendimento@esextante.com.br
www.esextante.com.br

PARA MICHAEL, MEU MARIDO,
CUJA PRESENÇA E AMOR SEMPRE
ME TRAZEM DE VOLTA AO CENTRO.

SUMÁRIO

INTRODUÇÃO

QUANTAS VEZES VOCÊ JÁ DESEJOU ter uma vida melhor – que reflita mais a pessoa que você é, seus valores e anseios mais profundos? Quantas vezes, no final de uma semana cheia, você se deixou levar pela fantasia de arrumar as malas e largar tudo? Hoje em dia muitos de nós vivemos com a incômoda sensação de que está faltando alguma coisa, de que a vida está passando lá fora. Nossa maior aspiração é um tempo para descobrir quem realmente somos e o que realmente queremos antes que seja tarde demais.

Nos últimos nove anos eu trabalhei como treinadora pessoal (*personal coach*), ajudando meus clientes a reavaliarem suas vidas e se vincularem mais profundamente ao que consideravam importante para eles. O objetivo era melhorar sua qualidade de vida. A natureza da melhoria dependia da pessoa. Algumas queriam arranjar um emprego onde se sentissem valorizadas. Para outras o que fazia a diferença era ter tempo livre para aproveitar mais a vida. Outros buscavam auxílio para eliminar a tensão resultante do próprio sucesso. Muitos clientes reduziram suas pretensões profissionais para ter a paz e a serenidade que desejavam. Cada caso era um caso, mas todos tinham um objetivo comum – viver uma vida mais verdadeira, que refletisse seus valores e prioridades pessoais. Vejamos alguns exemplos. Talvez algum deles soe familiar.

Pela janela do escritório, Olivia olha para a cidade lá embaixo e questiona o que está fazendo com a sua vida. Seu trabalho como gerente de uma empresa de tecnologia de ponta é uma loucura. Ela acorda cedo todo dia, vai para a academia às 6h, chega ao escritório às 8h e sai quase sempre depois das 19h30. A empresa está vivendo um bom momento, com as ações em alta e as vendas subindo, e a contribuição de Olivia foi fundamental para este sucesso. O trabalho é compensador, mas ela está infeliz.

Agora que tem a vida que achava que queria, Olivia sente que se perdeu no meio do caminho. Fica se lembrando de como era a sua vida quando tinha mais tempo para si mesma, para namorar e encontrar com os amigos. Hoje a rotina parece ter tomado conta de seus dias. Ela está cansada, pronta para uma mudança.

A situação de Olivia é um bom exemplo do que acontece quando dedicamos à carreira tempo demais de nossa vida – acabamos sentindo falta dela. Progredimos rápido, satisfazemos várias de nossas necessidades – de sociabilidade, de reconhecimento e de realização –, mas de repente descobrimos que não temos mais uma vida pessoal que nos faça ter vontade de voltar para casa. Essa descoberta pode ser inquietante.

Às vezes o problema é um pouco diferente. No caso de David, o sucesso superou em muito as suas expectativas. Sentado em sua mesa ao final de um dia cheio, ele se pergunta se toda essa trabalheira está compensando. Seu negócio de consultoria vai de vento em popa: este ano ele ganhou mais dinheiro do que nos dois anos anteriores somados e hoje mal se lembra da época em que se preocupava com o pagamento das contas. No entanto, David continua com aquela desagradável sensação de vazio.

Ele alcançou o sucesso com que sempre sonhou, mas as coisas não são como imaginava. As responsabilidades são maiores do que nunca – uma esposa adorável, três filhos pequenos, uma bela casa e vinte e cinco funcionários para administrar. Em vez de se sentir feliz com o papel que criou para si mesmo, David tem a sensação de ser um empregado de outra pessoa. Então começou a fantasiar que iria passar o negócio adiante, reduzir seu padrão de vida e tentar alguma outra coisa. Ele simplesmente não tem certeza de que quer continuar pagando um preço tão alto pelo sucesso.

No caso de Margaret, a infelicidade provém de uma dúvida interior, e não de circunstâncias externas. Todos os dias ela deixa os filhos na escola e vai para o trabalho se sentindo dividida. Mãe de dois garotos e dona de uma firma atacadista de presentes, ela tem a sensação de estar sendo puxada por duas forças opostas: de um lado a excitação e a realização de dirigir um negócio bem-sucedido; de outro, o desejo de estar junto dos filhos enquanto eles estão crescendo. O estresse causado por este conflito começa a se tornar desgastante. Se já era difícil compatibilizar o que pareciam ser dois trabalhos de expediente integral (a empresa e a família), o estresse adicional de estar dividida torna a sua vida insuportável. Margaret sabe que vai ter de abrir mão de alguma coisa.

Ainda que nos detalhes o seu caso possa ser bem diferente, eu imagino que as frustrações e a sensação de cansaço e solidão aqui relatadas sejam familiares. Nesta nossa sociedade acelerada, movida a adrenalina, os questionamentos sobre o significado e o propósito das coisas e sobre o que é a verdadeira felicidade são nossos fiéis companheiros. Nós queremos algo mais. Depois de anos buscando a felicidade e a realização no trabalho, fora de nós mesmos, chega a hora de pagar a conta: nós nos perdemos de nós mesmos na loucura do dia-a-dia.

Como treinadora pessoal sempre me tornei parceira dos meus clientes. Nos nossos encontros semanais eu os ajudava a reavaliar suas prioridades, a redefinir o sucesso a partir de uma visão mais ampla de suas vidas e a dar os passos necessários em direção às mudanças que almejavam. Toda semana os clientes voltavam para casa com um plano de ação – um pequeno dever de casa que, logo percebi, fazia uma grande diferença. Um cliente que vivia há anos num ambiente caótico começou a pôr ordem na bagunça e criou uma perspectiva de vida inteiramente nova. Um outro que vivia curvado sob o peso de dívidas contraídas durante anos de irresponsabilidade financeira viu sua saúde financeira melhorar e suas economias voltarem a crescer como resultado de uma seqüência de pequenas mudanças semanais.

No convívio com os clientes aprendi muito sobre os obstáculos que nos impedem de viver vidas verdadeiras e plenas de significado. Para compartilhar esse conhecimento com um público mais amplo escrevi *Sua Vida em Primeiro Lugar*, em que me propus a orientar os leitores da mesma forma que fazia com os clientes individuais. Todos os passos foram pensados para ajudá-los a examinar suas vidas de um modo realista e avaliar as mudanças que precisariam fazer para se sentirem mais felizes consigo mesmos e melhorar a sua qualidade de vida.

Eu incentivava os leitores a se colocarem no primeiro lugar da sua lista de prioridades, substituindo as decisões reativas por opções de vida proativas. Meu papel era guiá-los no processo de atacar de imediato as suas prioridades, identificar e eliminar os fatores que estavam esgotando suas energias e investir na sua saúde financeira para que pudessem se sentir no controle de suas vidas. Depois de falar do desafio que é viver numa sociedade movida a adrenalina, eu mostrava que é possível desacelerar substituindo os "combustíveis" nocivos à saúde, como a cafeína, o açúcar e a ansiedade, por estimulantes saudáveis como relacionamentos de qualidade e práticas espirituais personalizadas.

Mais tarde saí em campo falando sobre esses temas para platéias cada vez maiores. Os diálogos com os participantes e as cartas e e-mails que recebia dos leitores me mostraram que aquelas estratégias davam certo e que as pessoas queriam mais – sentiam falta de um dever de casa semanal que pudesse ajudá-las a implementar as mudanças que eu havia descrito no livro. Foi aí que resolvi colocar a tecnologia a meu serviço.

Em janeiro de 1999 eu lancei nos Estados Unidos um boletim on-line chamado *Life Makeover for the Year 2000*. Estava nascendo o projeto *Você Pode Mudar Sua Vida*, idealizado para ajudar os leitores com estratégias simples e práticas, de aplicação semanal, para melhorar suas vidas pessoais e profissionais. Com base em minha experiência como treinadora pessoal, adotei o método "uma semana de cada vez" para tornar o processo de mudança não apenas mais fácil, mas também mais divertido para as pessoas. A cada semana eu escolhia aleatoriamente um tema que abordasse certo campo do desenvolvimento pessoal e profissional e acrescentava uma ação específica que devia ser realizada naquela área. À medida que as pessoas foram entrando em ação, suas vidas começaram a mudar, e as pequenas mudanças realizadas foram se acumulando.

A comunidade *Você Pode Mudar Sua Vida* começou a crescer quando os leitores passaram a enviar os boletins semanais para os amigos, familiares e colegas de trabalho. A reitora de uma conhecida universidade, por exemplo, distribuiu o boletim para a escola inteira. O presidente de uma empresa manufatureira decidiu enviar o boletim semanal para todos os seus funcionários. Em um ano, o que havia começado como um grupo de algumas centenas de pessoas transformou-se numa comunidade de milhares.

As bases desse processo semanal se assentam sobre a filosofia do cuidado máximo com você. Este conceito – de que tomei conhecimento em conversas com meu colega Thomas Leonard – propõe que as pessoas cuidem excepcionalmente bem de si mesmas, o que confere ao programa um certo aspecto de auto-indulgência. Mas há uma importante razão para isso. Em minha experiência como treinadora pessoal aprendi que tratar bem de si mesmo – fazendo coisas como desfrutar regularmente de tempo livre, dizer "não" com mais freqüência a pessoas, projetos e situações que consomem nossa energia e agir de acordo com nossa sabedoria interior – leva à redução do estresse e ao aumento do grau de satisfação com a vida. Além disso, o cliente que coloca sua vida em primeiro lugar passa a se preocupar com os outros de uma forma muito mais saudável. Esta descoberta estruturou toda a minha concepção de trabalho: é preciso ajudar as pessoas a cuidarem mais profundamente de si mesmas para que possam cuidar melhor dos outros e do mundo ao seu redor.

O programa *Você Pode Mudar Sua Vida* é uma poderosa agenda de mudança com um ano de duração. Ele foi pensado para ajudar você a transformar a *sua* vida semana a semana. Cada capítulo corresponde a um tema semanal que culmina com O Desafio de Agir para ajudar você a entrar em ação rapidamente.

O processo pretende ser simples e divertido. Embora eu tenha mantido a formulação original de começar o programa em janeiro e concluí-lo em dezembro, você pode usar o livro da maneira que mais lhe convier: seguir fielmente a seqüência da primeira à última semana, mergulhar no texto aleatoriamente, ou procurar um capítulo que aborde o tema que gostaria de trabalhar naquela semana. O importante é que você *use* o material que está lendo. Afinal, entrar em ação é a única forma de criar mudanças positivas e duradouras em sua vida. Quando você começar a se dedicar às tarefas semanais do Desafio de Agir, verá que uma semana ajuda a preparar a seguinte e que, sem que perceba, as mudanças positivas começarão a acontecer na sua vida!

A força motivadora mais importante para seguir os passos sugeridos neste livro é um parceiro ou um grupo de amigos com as mesmas preocupações que você e também interessados em mudar suas vidas para melhor. Eu não canso de repisar este ponto. A sociabilidade é um ingrediente extremamente importante do sucesso. Fazer parceria com um colega de trabalho, um parente ou um amigo é como fazer um seguro de vida que lhe pagará dividendos muito maiores. Você poderá criar um grupo de estudos ou um time familiar. Quando tiver o seu parceiro ou o seu time, siga essas quatro diretrizes básicas:

1. Faça um plano para se apoiarem mutuamente. Por exemplo, vocês se falarão pessoalmente ou por telefone? Com que freqüência se encontrarão e quando?
2. Repasse o tema da semana e discuta como ele se relaciona com você e com a sua vida.
3. Comprometa-se com uma ação específica proposta no Desafio de Agir e deixe o seu parceiro ou time saber sobre o que você está trabalhando durante a semana.
4. Programe o próximo contato para vocês compartilharem seus progressos e comemorarem juntos o sucesso.

Não tenha medo de pedir ajuda durante a semana. No começo talvez você precise de uma mão amiga com mais freqüência. Pequenas ações consistentes são tudo o que você precisa para promover uma grande mudança em sua vida, portanto não permita que o medo, a protelação e a dúvida dificultem o seu caminho.

Quando começar a fazer mudanças semanais, prepare-se: a sua vida passará por maravilhosos desdobramentos. À medida que você for se livrando da confusão, se reconectando com a sua sabedoria interior, fortalecendo o seu caráter e assumindo o desafio de viver uma vida de alta qualidade, verá que as partes perdidas vão começar a se juntar para formar uma vida absolutamente fascinante. Boa sorte!

1ª SEMANA

COMEÇA A JORNADA!

Ame você mesmo em primeiro lugar
e todas as coisas irão se encaixar.

LUCILLE BALL

AO DECIDIR EMBARCAR NESTA jornada, você estará dando um importante passo para transformar sua vida. Eu imagino que você já pensou nas mudanças que gostaria de fazer. Talvez tenha a sensação de que algo precisa mudar, mas não sabe bem o que é. Quando começamos uma nova etapa em nossa vida, em geral a primeira coisa que fazemos é estabelecer objetivos e traçar novos rumos. Mas eu gostaria que você começasse esta jornada de outra forma. Proponho que comece agradecendo a si mesmo por tudo que já realizou e, o mais importante, pela pessoa que você se tornou ao longo deste ano que passou.

Uma vida de qualidade começa com um você de qualidade! Não entre neste novo ano tentando correr atrás do prejuízo ou compensar o que deixou de fazer. Você só vai piorar as coisas se ficar se culpando pelos erros do passado. Dedique um pouco de tempo a refletir sobre o que você fez de *certo* no ano que passou. Tente responder às seguintes perguntas:

1. **Que traços de caráter você fortaleceu?** Tem demonstrado seus sentimentos com mais sinceridade? Aprendeu a

impor limites às pessoas que consomem a sua energia? Melhorou a sua capacidade de comunicação? Tornou-se mais sensível às necessidades dos outros?

2. **Você praticou algum ato de bondade ou ajudou outras pessoas de alguma forma?** Deu apoio a um amigo que está se divorciando? Cuidou de um parente idoso? Quem sabe você prestou serviços a alguma organização sem fins lucrativos?
3. **O que você fez de bom com as pessoas que ama?** Tirou umas férias particularmente memoráveis? Organizou alguma festa ou celebração? Lembra-se de algum momento especial?
4. **O que conquistou ou realizou?** Considere tanto a sua vida pessoal como a profissional. Você atingiu seus objetivos profissionais? Teve alguma promoção no trabalho? Talvez tenha completado um projeto importante, como escrever um livro ou participar de um curso. Ou canalizou a sua energia para a prática de algum esporte ou algo criativo, como a pintura ou a culinária?

Responder a essas perguntas será um estímulo para começar o processo com um outro estado de espírito – uma firme disposição de se ajudar. Afinal, ninguém cresce se punindo. Concentre-se no que deu certo e você estará se preparando para um ano novo maravilhoso!

O DESAFIO DE AGIR

Eu proponho que você inicie a jornada criando um diário. A maioria das pessoas resiste inicialmente a essa idéia. Elas acham que é bobagem, que escrever sobre suas vidas não vai trazer nenhuma mudança fundamental. Estão enganadas. Escrever um diário é um ótimo modo de começar um diálogo com nós mesmos.

Por isso, tire um tempo esta semana para se dar um presente especial. Não compre qualquer caderno de anotações. Uma vez que vai usar esse diário para registrar cada passo que levará à transformação da sua vida, é importante escolher um de que realmente goste.

Depois de refletir sobre o ano anterior, prepare-se para inaugurar seu diário escrevendo as vinte e cinco (sim, vinte e cinco!) coisas que você mais se orgulha de ter feito nos últimos doze meses. A lista pode incluir aspectos do seu crescimento pessoal, objetivos que você tenha alcançado e mudanças positivas que tenha promovido em sua vida.

Faça este exercício com calma. Ponha uma folha de papel na sua mesa, colada no espelho do banheiro ou dentro do diário e durante a próxima semana vá acrescentando itens à medida que eles lhe venham à cabeça. Você pode até criar o hábito de refletir sobre as suas realizações sempre à mesma hora todos os dias. Por exemplo, ao acordar passe alguns momentos na cama recapitulando o último ano, pensando nas coisas em que se saiu bem. Ou use o tempo que passa escovando os dentes ou a caminho do trabalho para refletir sobre as suas conquistas. Quem sabe no final da semana você tenha até mais de vinte e cinco itens – é permitido!

Quando completar a lista, mostre-a ao seu parceiro ou ao grupo de amigos que também abraçou o projeto de transformar suas vidas. Melhor ainda, dê uma festa e convide as pessoas para se reunir e mostrar suas listas. Se não gostar dessa idéia, lembre-se apenas do seguinte: dedicar algum tempo para recapitular as próprias realizações e celebrar o próprio sucesso é uma forma importante de fortalecer o seu relacionamento consigo mesmo. É o primeiro passo na construção da vida que você deseja.

E para quem tem receio de que este exercício seja um pouco auto-indulgente, aqui vai uma dica: ver coisas boas nos outros começa vendo coisas boas em nós mesmos.

Vamos lá: pegue seu diário e escreva.

Minhas cinco realizações mais importantes foram:

1. ______________________________

2. ______________________________

3. ______________________________

4. ______________________________

5. ______________________________

Os três aspectos em que eu mais cresci no último ano foram:

1. ______________________________

2. ______________________________

3. ______________________________

2ª SEMANA

ANO NOVO / VOCÊ NOVO

O mundo premia os que assumem a responsabilidade pelo próprio sucesso.

CURT GERRISH

AGORA QUE VOCÊ JÁ TEVE a oportunidade de celebrar as suas realizações e o seu crescimento no ano que passou, é hora de estabelecer um novo objetivo. Mas, em vez de pensar nas coisas que gostaria de trazer para a sua vida ao longo desta jornada, ou naquelas de que gostaria de se livrar, faça diferente. Eu proponho que você estabeleça um objetivo interior, um objetivo enfocado no seu desenvolvimento pessoal e no fortalecimento do seu caráter durante o ano que começa.

As mudanças duradouras começam dentro da gente. Concentrando sua energia em objetivos como tornar-se mais honesto, mais audacioso ou mais criativo, você descobrirá que o "que fazer" para alcançar seus objetivos se torna muito mais acessível. Quando você se fortalece de dentro para fora, é como se acendesse a sua luz interior. E, à medida que essa luz fica mais brilhante, você descobre que começa a atrair oportunidades e recursos que dão suporte aos seus objetivos exteriores.

Que qualidade mais gostaria de desenvolver no próximo ano? Sob que aspecto precisa crescer? Se não tem certeza do que quer enfocar, veja estes exemplos:

ESTE ANO EU PRETENDO...

Ser mais responsável com meu dinheiro.
Reavaliar minhas prioridades e me concentrar nelas.
Ser paciente.
Ser uma pessoa mais afetuosa e generosa.
Ser capaz de colocar limites e dizer "não".
Não ter medo e agir com coragem e ousadia.
Ser mais "cabeça fresca".
Ter mais gratidão.
Tomar a iniciativa em vez de apenas reagir às situações.
Ser capaz de correr riscos.
Ser leal e confiável.

Uma vez escolhida a qualidade em que você gostaria de se concentrar, siga os seguintes passos:

Passo 1. Escreva uma afirmação relacionada a este objetivo no presente do indicativo.
Passo 2. Pendure-a em algum lugar da casa ou do escritório.
Passo 3. Defina três medidas que você pode tomar durante a próxima semana para começar a desenvolver essa qualidade imediatamente.

Vejamos alguns exemplos. Imaginemos que você decidiu controlar melhor suas finanças. Então pode criar a seguinte afirmação:

"É uma alegria ser responsável com meu dinheiro."

Em seguida, anexe essa afirmação em algum lugar onde possa vê-la com freqüência. Depois defina as suas ações para a semana. Você pode decidir equilibrar suas contas, renegociar a dívida do seu cartão de crédito, investir num fundo de previdência privada ou marcar uma hora com um consultor financeiro.

Imaginemos agora que você escolheu "reavaliar suas prioridades e se concentrar nelas". Sua afirmação pode ser:

"Eu dirijo diariamente a atenção para minhas três prioridades máximas."

Depois de afixar suas afirmações em algum lugar, é necessário agir. Você pode desligar a campainha do telefone duas horas por dia para poder se concentrar na tarefa que tem pela frente. Também pode evitar interrupções, colocando limites claros para seus filhos, seu marido ou esposa ou qualquer outra pessoa. E pode criar um ritual matinal que lhe permita identificar e eliminar possíveis distrações que o impeçam de se concentrar no que é importante naquele dia.

Ao pensar naquilo que gostaria de desenvolver, lembre-se de que a maneira mais rápida de criar uma vida melhor é se concentrar na busca de um você melhor. Faça do desenvolvimento dessa qualidade a sua prioridade máxima e concentre toda a sua vontade nos passos que produzirão essa mudança. Ao fazer a escolha, você verá que o mundo lhe dará de presente um monte de oportunidades de praticar. Não se preocupe! Tenha confiança e enfrente os desafios de cabeça erguida. Quanto mais cedo fizer isso, mais rápido irá desfrutar um novo modo de se relacionar com o mundo.

Se começar cada semana com um plano para desenvolver a qualidade que escolheu, você colherá muitos frutos. Verá a sua auto-estima crescer, confiará nos seus instintos (e os seguirá) com mais freqüência e terá a sensação de atingir seus objetivos com muito menos esforço. Concentrando-se no *quem*, irá descobrir que o *que* vem por si mesmo. A verdade é que é muito mais fácil adotar uma perspectiva proativa de crescimento, *escolhendo* como você irá se desenvolver, do que esperar as coisas acontecerem para reagir. Feliz Você Novo!

O DESAFIO DE AGIR

Esta semana programe um tempo para escrever a respeito do estágio em que se encontra neste momento da vida no que se refere à qualidade que gostaria de desenvolver. Por exemplo, se você se vê como uma pessoa que tem medo de novas experiências, escreva agora mesmo sobre os seus temores e preocupações. Este exercício vai servir de referência para marcar seu progresso sempre que você repassar o diário ao longo do ano.

Depois de escolhida a qualidade que você mais gostaria (ou teria necessidade) de desenvolver este ano, siga os três passos indicados. Mantenha a sua afirmação bem à vista e comece cada semana identificando as três ações que vão ajudar no seu crescimento. E trate de agir!

Tome nota agora no seu diário:

A qualidade que eu mais gostaria de desenvolver é:

____

A minha afirmação é:

____

As três medidas que eu vou tomar esta semana são:

1. ____

2. ____

3. ____

3ª SEMANA

À PROCURA DO EU PERDIDO

Quando você está confinado
numa solitária dois metros abaixo do chão,
sem luz, sem som e sem água corrente, não há
outro lugar aonde ir a não ser para dentro.
E, quando você vai para dentro, descobre
que tudo o que existe no Universo existe
também dentro de você.

RUBIN CARTER, THE HURRICANE

EM TODOS ESSES ANOS COMO treinadora, já ouvi inúmeras pessoas dizerem que se sentem como se faltasse alguma coisa em suas vidas, algo que muitas vezes nem elas mesmas sabem dizer o que é. Às vezes é um amigo insatisfeito com a carreira; outras, uma leitora que pede ajuda para achar o seu eu perdido em meio à correria entre casa e trabalho. Cada um está lutando para encontrar o significado e o propósito de sua vida.

Se você se sente infeliz ou tem a sensação de que falta algo em sua vida, talvez fosse bom considerar que o que está faltando pode ser simplesmente *você*.

Vivemos num mundo que nos empurra o tempo todo para fora de nós mesmos. Os meios de comunicação, o trabalho e as responsabilidades atraem nossa atenção, desviando nosso foco para o exterior. Esta é a principal razão pela qual tantas pessoas se sentem sem rumo ou com a sensação de não estar trilhando o caminho "certo". Ora, a bússola mais precisa – a nossa sabedoria interior – fica do lado de dentro, o que significa que esse tempo enorme que passamos enfocados no que está "lá fora" acaba nos deixando confusos e perdidos.

Imagine que a sua vida é uma roda-gigante cujos raios se estendem para todas as áreas – trabalho, relacionamentos, família, sociabilidade, saúde e assim por diante. No centro dessa roda fica um núcleo de conhecimento, sabedoria e experiência chamado *você*. Quanto maior a conexão com este núcleo, maior a ligação com seus valores, necessidades e desejos. E mais plena de significado e propósito será a sua vida.

Para capturar esse "algo" que parece estar faltando, você precisa conhecer o seu eu interior da mesma forma como conhece um novo amor ou um novo amigo – investindo uma certa quantidade de tempo e atenção nesse relacionamento. São muitos os caminhos que levam você ao seu eu. Vejamos alguns exemplos:

1. **Escreva um diário.** Eu sei que pareço um disco quebrado repetindo isso a toda hora, mas um diário é um recurso tão poderoso para você restabelecer o seu relacionamento consigo mesmo que não custa insistir. Faça o histórico da sua vida. Escreva sobre o que está dando certo e o que não está dando certo. Simplesmente escreva *alguma coisa* para dar início a um diálogo permanente com você mesmo.
2. **Registre os seus sonhos.** Esqueça por um momento os seus sonhos e objetivos conscientes. Acompanhe os sonhos que tem quando está dormindo, pois eles são uma porta de entrada para a sua vida interior: em geral eles refletem os seus desejos, esperanças e temores mais profundos. Se começar a colocar os seus sonhos no papel (mesmo aqueles fragmentos de que mal se lembra), irá aprender rapidamente muita coisa sobre si mesmo. E se ao ler estas palavras você pensar "mas eu não sonho" ou "mas eu não me lembro dos meus sonhos", não se preocupe. Ao registrar mesmo os mais tênues fragmentos de seus sonhos, seu subcons-

ciente começa a receber a mensagem que está sendo enviada e você passa a lembrar-se cada vez mais do que sonhou.

3. **Crie um grupo de apoio.** Convide um pequeno grupo de amigos fiéis para se juntar a você na busca do eu. Programe encontros regulares e use esse tempo para compartilhar com seus amigos as coisas que está aprendendo sobre si mesmo. Ter um lugar seguro para dividir seus pensamentos e sentimentos ajudará a obter informações valiosas sobre quem você é e o que veio fazer aqui.
4. **Desenvolva sua vida espiritual.** Dedique algum tempo todos os dias à sua vida espiritual. Leia livros espiritualmente estimulantes como a Bíblia, a Torá ou o Bhagavad Gita. Estude os ensinamentos de Jesus Cristo, de Sai Baba ou do Dalai-Lama. Retorne aos rituais e orações que um dia lhe proporcionaram conforto e conexão com o Divino. Escreva cartas a Deus em seu diário. Este exercício vai manter a atmosfera de espiritualidade à sua volta e ajudar você a ouvir mais claramente a voz da sua alma.

Todas essas são excelentes formas de buscar o seu eu perdido, mas o que importa acima de tudo é:

> Quando você se comprometer
> a dedicar um tempo a si mesmo,
> terá de honrar o compromisso!

Não importa o quanto sua agenda esteja apertada, reserve um horário para você. Faça isso regularmente e vá aumentando aos poucos a duração e a freqüência desses "encontros". Se não tem o hábito de passar um tempo na sua própria companhia, é bem possível que no início isso cause algum desconforto, até um certo tédio. Mas agüente firme. Em nossa cultura, voltar os olhos para dentro é o mesmo que desafiar a lei da gravidade. Você estará tentando fazer o oposto daquilo que o mundo inteiro espera que faça.

Depois de superar esse estranhamento, chegará o dia em que vai necessitar desse tempo a sós com você.

Seu relacionamento consigo mesmo afeta todas as outras áreas da sua vida, desde o sucesso profissional até os relacionamentos amorosos, a capacidade de ser feliz e de ter uma vida plena de significado. Tudo começa em você. Se tem a sensação de que falta algo em *sua* vida, volte-se para dentro e reivindique este seu sábio e maravilhoso eu.

O DESAFIO DE AGIR

Pegue a sua agenda e prepare-se para programar seu compromisso com você mesmo! Nos próximos seis meses, separe um tempo toda semana e marque-o a caneta. Aumente a quantidade de tempo a cada mês. Por exemplo: se você começar com uma hora por semana no primeiro mês, aumente esse tempo para uma noite ou uma tarde no segundo mês.

São grandes as chances de que surja alguém para desafiar o seu compromisso. Agüente firme! É claro que, em alguns momentos, será impossível manter o que estava agendado. Mas tente estabelecer uma programação à prova de interrupções ou mudanças de última hora. Lembre-se: o seu eu tem prioridade absoluta. Este compromisso é sagrado!

4ª SEMANA

O DESAFIO

As páginas matinais nos levam ao outro lado:
ao outro lado de nosso medo, de nossa negatividade,
de nossa melancolia. Mais que tudo, elas nos levam para
além do nosso Censor. Longe da arenga do Censor encontramos
o centro silencioso de nós mesmos, o lugar onde ouvimos
aquela voz suave e serena que é ao mesmo tempo
a nossa e a do nosso criador.

JULIA CAMERON

EU ESCREVO O MEU DIÁRIO desde os treze anos de idade e sei que ele é uma enorme fonte de conforto e conexão com o meu eu. Durante anos, porém, registrei minhas experiências e sentimentos de maneira esporádica – às vezes eu passava dias, semanas e até meses sem escrever. Em outras épocas escrevia páginas e páginas, dia após dia.

Recentemente, como resultado de uma promessa que fiz ao meu grande amigo Max, decidi renovar meu compromisso de escrever toda manhã, para ver como essa prática afetaria a minha vida. O resultado foi espetacular, e eu gostaria de compartilhar um pouco dele com você na esperança de estimular sua participação no Desafio de Agir ao final deste capítulo. Mas, primeiro, vamos aos resultados.

Desde que comecei a escrever todos os dias descobri que:

1. Eu me sinto profundamente conectada com minha alma e com o que é realmente importante.

2. Os meus dias estão sempre voltados para minhas prioridades máximas.
3. Os acontecimentos só vêm reforçar essas prioridades.
4. Tenho uma sensação de segurança que nenhuma força exterior jamais me deu.
5. Melhorei os meus hábitos alimentares.
6. Minhas escolhas estão mais orientadas para dentro, dou menos importância ao que os outros pensam de mim.
7. Eu me preocupo mais em ter momentos só para mim.

Quando há muito tempo li o que Julia Cameron, autora de *Guia Prático para a Criatividade – O Caminho do Artista*, disse sobre o poder das "páginas matinais" (escrever no mínimo três páginas, a mão, toda manhã), achei que era de fato um ótimo exercício, mas não assumi o compromisso de escrever as três páginas *toda* manhã. Mas agora que eu me comprometi, elas se tornaram uma parte importante da minha prática espiritual diária. Descobri que *preciso* escrever.

Quando sugiro ao público e aos clientes que escrevam um diário, costumo receber muitas perguntas, que podem ser agrupadas em três temas:

1. **Qual é a melhor hora para escrever?** Eu sempre recomendo escrever de manhã porque nessa hora as chances de você estar mais perto da voz da sua alma – sua sabedoria interior – são maiores do que depois de começarem as tarefas do dia. Se você deixar para o fim do dia, sua cabeça vai estar cheia, e o mais provável é que gaste seu tempo relatando acontecimentos em vez de escrever sobre como se sente. Se sua agenda matinal for muito cheia, faça um esforço para escrever pelo menos *um pouco*, uma página que seja, antes de começar o dia.
2. **O que devo escrever?** Se você tiver dificuldade de começar porque não sabe sobre o que escrever, não se preocupe. A maioria das perguntas que recebo sobre diários trata exatamente

desse problema. O negócio é começar. Pense na prática de escrever diariamente como a construção de um novo relacionamento. Quando você conhece uma pessoa nova, às vezes não sabe o que dizer. Mas depois as palavras começam a fluir. Tente dar um empurrãozinho com algum desses temas:

Esta manhã eu me sinto...

Eu vivo pensando em...

A implicante da minha voz interior continua me dizendo para...

Os pensamentos que não saem da minha cabeça são...

Minha alma anseia por...

O que mais me dá medo é ...

Meu crítico interno me diz que...

Sinto gratidão por...

Mantenha a caneta na página e escreva os pensamentos que lhe vêm à mente. Isso exige um pouco de prática e paciência. Mas com o tempo fica mais fácil. Quando você se sentir travado, escreva sobre esta sensação.

3. **O que fazer para me motivar a escrever?** Uma das coisas mais importantes que eu fiz para passar do "escrever todo dia é um saco" para o "não vejo a hora de escrever" foi criar um lugar confortável para me dedicar a essa atividade. Escolha um cômodo da casa (ou uma parte de um cômodo) e faça o que for necessário para transformá-lo num lugar onde você se sinta bem. Arranje uma cadeira confortável e uma boa iluminação. Acrescente velas, incenso, uma boa prancheta, quem sabe um cobertor. Eu já descobri que, criando um lugar sagrado para escrever, o meu corpo procura automaticamente o conforto e a solitude que esse espaço tem para oferecer.

Se por algum motivo deixar de escrever um dia, não se deixe paralisar. Simplesmente acorde no dia seguinte e comece outra vez. Ao colocar no papel como se sente, você está aprendendo a conectar sua cabeça ao seu coração. Este ritual diário faz com que você não só tenha mais controle sobre as suas ações como também desperta as coincidências que levam a uma vida melhor. Pois quanto mais conectado você está com o seu eu interior, maior é a sua tendência de agir segundo seus próprios critérios e sua sabedoria. E isso leva a coincidências interessantes: *você atrai coisas positivas para a sua vida.* Mas não vá pela minha palavra. Continue lendo, assuma o desafio e veja o que acontece.

O DESAFIO DE AGIR

Escolha um período de trinta dias e se comprometa a escrever no mínimo três páginas toda manhã, a mão. Considere esse tempo sagrado, é a sua oportunidade de conectar-se à sua sabedoria interior. Não se preocupe com o que dizer, com pontuação, ortografia, em ser brilhante, nem com a questão de se você é ou não capaz de completar a página. Arranje um lugar seguro para guardar o seu diário, um lugar onde ninguém irá encontrá-lo, e simplesmente escreva. Quando achar que não tem nada a dizer, mantenha a mão se movendo assim mesmo – talvez você se surpreenda com o que vai acontecer.

5ª SEMANA

A DÁDIVA DO TEMPO

Tempo é coisa que se cria. Dizer "não tenho tempo" é o mesmo que dizer "eu não quero...".

LAO TZU

NÃO CANSO DE ME SURPREENDER com a quantidade de pessoas que perguntam: "Aonde vai o meu tempo, por que ele nunca é suficiente?" Se você é como eu, provavelmente já se fez essa pergunta. Às vezes parece que tem um "ladrão do tempo" roubando os nossos minutos quando não estamos olhando, só para nos deixar frustrados e chateados no final da semana.

Na verdade, a gente sabe aonde vai o nosso tempo. O tempo é finito. Só dispomos de uma certa quantidade dele – cento e sessenta e oito horas por semana e cinqüenta e duas semanas por ano, se não morremos antes. O tempo é uma dádiva que a maioria de nós não valoriza. Ficamos tão enredados na correria do dia-a-dia que raramente paramos para pensar em como estamos usando essa dádiva.

Quando foi a última vez que você parou para pensar em como está gastando o seu tempo e como se sente a respeito? Quanta horas você trabalha *realmente* por semana? Quanto tempo você gasta cuidando dos outros? Quanto tempo você gasta tratando de si mesmo?

A maioria de nós dedica, em média, cinqüenta e cinco horas por semana (estou sendo generosa) ao trabalho, contando o tempo passado no escritório, preparando-se para trabalhar, deslocando-se e se preocupando com problemas profissionais. E isso sem contar as vinte e quatro horas de trabalho diário de quem tem de cuidar de crianças! Se acrescentarmos as cinqüenta horas semanais, em média, que passamos dormindo, restam-nos sessenta e três horas para as compras, cozinha, limpeza da casa, ginástica, cuidado pessoal, correspondência, diversão, amigos, família, trabalho voluntário e assim por diante. Não admira que o tempo pareça tão escasso.

Quando se dá conta de que é *você mesmo* o responsável pela sua vida e que o seu tempo é limitado, suas escolhas se tornam mais importantes. Você passa a tomar mais cuidado com as coisas a que diz "sim" e com as coisas a que diz "não".

Uma forma de assumir o controle sobre o seu tempo é criar a sua lista de "sim absoluto": as cinco prioridades máximas que merecerão atenção integral de sua parte durante os próximos três ou seis meses. Para construir uma base sólida para a sua vida, é preciso concentrar seu tempo e sua energia naquelas coisas que exigem a sua atenção *agora*, e não nos seus sonhos e objetivos de longo prazo. Se você está com problemas de relacionamento por causa do excesso de trabalho, é hora de dar a devida atenção a esse relacionamento. Se está sem dinheiro ou com dívidas, precisa cuidar de melhorar a sua saúde financeira para poder fazer as escolhas que vão lhe propiciar melhor qualidade de vida.

Criar a lista do "sim absoluto" será uma enorme ajuda para lembrar-se de suas prioridades, principalmente naquelas horas mais agitadas em que você tem a sensação de estar perdendo tempo. Com essa lista à mão, fica mais fácil focar nas coisas essenciais e, por outro lado, identificar as que constituem perda de tempo. E o mais importante: quando você tem clareza daquilo que merece um "sim", sabe também o que merece um "não"! Portanto, quando se perguntar aonde está indo o seu tempo, lembre-se: se você não diz "sim", sua agenda não fica lotada de compromissos.

O DESAFIO DE AGIR

Esta semana você vai criar a sua lista do "sim absoluto". Comece escolhendo uma tarde ou uma noite tranqüila, em que possa dispor de pelo menos uma hora ininterrupta para você mesmo. Pegue o seu diário, fique o mais confortável possível e relaxe. Faça, então, as duas perguntas abaixo para você mesmo e se dê bastante tempo para responder cada uma delas:

O que realmente necessita da minha atenção neste momento da minha vida? O que preciso deixar de lado?

Não censure suas respostas. Apenas observe o que acontece com você enquanto pensa em cada uma das perguntas e escreva em seu diário o que lhe vier à cabeça. Se não conseguir responder, não se preocupe. Simplesmente pare e pense nos diferentes aspectos da sua vida – relacionamentos, família, comunidade, trabalho, saúde física e emocional, finanças e assim por diante – e escreva um comentário sobre aquelas coisas que você sabe que estão precisando da sua atenção.

Quando tiver terminado, escolha as cinco melhores respostas e arrume-as em ordem de prioridade. Depois copie esta lista em vários cartões pequenos e mantenha-os sempre à vista. Coloque os cartões em vários lugares da sua casa e de seu escritório: perto do telefone, colado no espelho do banheiro, ao lado do computador e até no painel do carro. Ter essa lista por perto servirá como lembrete sobre as coisas realmente importantes e como incentivo para dizer "não" àquelas que não são prioritárias.

O processo de criação da lista do "sim absoluto" (que pode ser também aplicado, separadamente, às tarefas de trabalho) deve ser repetido a cada três ou seis meses, de modo que você sempre tenha uma lista atualizada das suas prioridades máximas. Depois de determinar o que é fundamental, comprometa-se a dizer "não" a pelos menos duas solicitações de seu tempo a cada dia desta semana. Se um colega lhe pedir para ajudar num projeto, por exemplo, decline gentilmente mencionando a necessidade de completar o seu próprio trabalho. Se uma amiga telefonar para se queixar da vida, diga que ela tem dois minutos: depois você vai querer saber o que ela fará para solucionar seus problemas. Aprender a dizer "não" com elegância e carinho é básico para proteger a dádiva que é o seu tempo. Se para você é difícil dizer "não" (como acontece com a maioria das pessoas), vou lhe dar três dicas:

1. Seu cuidado pessoal é sempre uma desculpa válida.
2. Você não tem de se defender nem dar explicações a respeito de seus atos.
3. Fazer coisas por culpa ou obrigação não é fazê-las por amor.

Portanto, da próxima vez que alguém lhe pedir que faça algo que você prefere não fazer, apenas sorria e diga que não está disponível.

6ª SEMANA

O QUE ESTÁ CONSUMINDO SUA ENERGIA?

Dentro de cada um de nós se oculta um estoque de energia. Energia que podemos liberar para competir na maratona da vida.

ROGER DAWSON

NO LIVRO *SUA VIDA EM PRIMEIRO LUGAR,* enfatizo a necessidade de identificar e eliminar as coisas que estão consumindo nossa energia. Isso é fundamental para recarregar as baterias e renovar nosso entusiasmo pela vida. A idéia de eliminar os compromissos e problemas que roubam nossas forças é poderosa. Quando atendia clientes individuais, eu costumava recomendar que nos concentrássemos somente nessa idéia nos primeiros três a seis meses de trabalho. Ao atacar as causas do desgaste, liberamos aos poucos energia para perseguir outros objetivos e garantir nosso bem-estar físico e emocional. Quando comecei a orientar Lisa, sócia de uma pequena firma de contabilidade, ela se surpreendeu ao saber que a estratégia que eu recomendava para aumentar sua clientela – seu objetivo básico – era limpar as pilhas de pastas de clientes que se amontoavam no chão de seu escritório. Eu sabia pela minha experiência como consultora de impostos que aquele monte de pastas drenava-lhe a energia quer ela estivesse no escritório ou não. Elas representavam trabalho inacabado, problemas a resolver. Sempre que pensava nelas, Lisa se sentia prostrada.

Embora quisesse conquistar novos clientes para a sua firma, esse peso extra acabava por afastá-los. Lisa chegou a admitir que, toda vez que o telefone tocava, ela se encolhia pensando no trabalho que estaria à sua espera no outro lado da linha. Enquanto não se desligasse emocionalmente das tarefas inacabadas, o mais provável era que ela se sentisse bloqueada para conquistar novos clientes.

Depois que decidiu investir um tempo para organizar as pastas, arquivar os projetos antigos, jogar fora papéis inúteis e listar o que tinha de ser feito imediatamente, novos clientes começaram a aparecer regularmente. Uma tarde, depois de resolver as pendências da sua lista e guardar todas as pastas no arquivo, ela recebeu três ligações de novos clientes! Com o escritório livre das pilhas, Lisa se sentiu mais confiante em aceitar trabalho e passou a transmitir isso aos clientes.

É surpreendente como eliminar as coisas que consomem nossa energia pode melhorar o nosso estado de espírito. Você se lembra de como se sentiu bem quando, finalmente, resolveu limpar seu armário e dar todas as roupas velhas que achava que ia usar novamente algum dia? Ou quando pagou aquela dívida que tirava seu sono? Quando atacamos a origem de nossa ansiedade, liberamos uma enorme quantidade de energia para ser usada em coisas melhores.

Eliminar os drenos de energia é tão importante quanto acabar com as confusões indesejáveis, organizar-se e aprender a lidar com os pequenos aborrecimentos do dia-a-dia – temas que abordaremos nos próximos capítulos. Mas esta semana eu gostaria que você se concentrasse em identificar e eliminar os drenos de energia relacionados à sua vida emocional. Eles têm um custo alto porque causam ansiedade, estresse e nos deixam com a sensação de estar sobrecarregados. Para identificá-los, faça as seguintes perguntas:

1. Há algum telefonema que eu preciso dar, alguma conversa que eu preciso ter, da qual estou me esquivando?
2. Eu disse "sim" a algum compromisso de que agora me arrependo?

3. Estou fazendo alguma coisa que sei que deveria ter delegado a outra pessoa?
4. Estou perseguindo algum objetivo que não faz mais sentido?
5. Eu me envolvi em algum projeto em que não tenho mais interesse?
6. Estou guardando em casa ou no escritório alguma coisa que me faz lembrar um momento difícil da minha vida ou que me mantém atado ao passado?
7. Estou cuidando sozinho de uma criança doente ou de um pai/mãe idoso?

As respostas a essas perguntas podem revelar o que está desgastando você, pontos importantes que precisam ser trabalhados. Insistir em um negócio que não acrescenta nada ao que você faz é um esforço que rouba a sua energia. Guardar pastas com registros financeiros de quinze anos atrás, cartões de ex-namorados ou material de estudo de uma profissão que abandonou faz com que você continue com a cabeça no passado em vez de tocar a sua vida para a frente. E se você precisa conviver com uma situação desgastante, como um filho doente, a mãe ou o pai idosos que necessitam de atenção integral, querer fazer tudo sozinho irá roubar-lhe toda a energia de que a pessoa querida precisa.

Livrar-se do passado e tratar dos fatores que causam ansiedade são ações que podem ter um impacto positivo espetacular na sua vida. Liberar energia e eliminar o estresse torna sua vida mais produtiva e fortalece seus relacionamentos pessoais porque você consegue estar presente para o outro. Assim, você não apenas se *sente* melhor como cria espaço físico e mental para as coisas boas que virão: um novo amigo ou relacionamento afetivo, um novo emprego, mais dinheiro...

Agora que já sabe os custos dos drenos de energia e os benefícios de tratá-los, está na hora de entrar em ação!

O DESAFIO DE AGIR

Esta semana vamos nos concentrar em identificar e eliminar a origem do seu desgaste físico, mental e emocional. Siga os passos descritos abaixo e liberte-se das amarras emocionais que o mantêm prisioneiro!

1. Vasculhe a sua casa ou escritório em busca de cinco coisas que podem estar consumindo sua energia. Considere tudo o que você tem guardado, problemas de relacionamento que possam estar roubando as suas forças ou pendências de trabalho que precisam ser resolvidas.
2. Programe o tempo que for necessário para lidar com estes cinco itens.
3. Na preparação, procure apoio para fazer as coisas que preferiria evitar. Por exemplo, se remexer documentos velhos e lembranças do passado é motivo de desconforto ou perturbação, peça a um amigo que lhe faça companhia.
4. Divida o trabalho em tarefas menores, e mãos à obra.
5. Institua uma recompensa. Quando terminar uma tarefa, faça alguma coisa prazerosa para se premiar e se motivar a seguir em frente.

Pegue seu diário e tome nota:
Os cinco drenos de energia relacionados à minha vida emocional são:

____

Eu vou dar um jeito nessas coisas no dia __ às __.

A pessoa que eu vou chamar para me apoiar neste projeto é:

____

Quando terminar, vou me premiar fazendo:

____

7ª SEMANA

A MAGIA DA GRAÇA

A quem está buscando, o mundo do espírito oferece pistas o tempo todo. As pessoas comuns chamam essas pistas de coincidências.

DEEPAK CHOPRA

O TEMA DESTA SEMANA é a motivação – o combustível que servirá de estímulo para você agir consistentemente no sentido de criar a vida que deseja. Existem três ingredientes fundamentais para que você se mantenha neste caminho: um parceiro, bons resultados e a intervenção divina.

Ter, desde o início da jornada, o apoio de um parceiro interessado em fazer mudanças positivas na própria vida ajudará vocês dois a se manterem motivados e ativos. Lembre-se: ação cria mudança. É hora de parar de pensar nas mudanças que você quer fazer e começar a fazer algo por elas! É claro que o melhor parceiro seria um *personal coach*, um treinador qualificado e experiente. Mas, se você não tem dinheiro para isso, transforme esse processo num jogo e peça a um amigo, colega ou membro da família que venha jogar com você. Melhor ainda, reúna um grupo de amigos, companheiros de trabalho ou familiares e faça uma experiência com eles.

Os resultados positivos da sua ação vão trazer mais energia, emoção e alívio para a sua vida, realimentando assim seu desejo de seguir em frente. Parceiros e bons resultados são importantes fontes de motivação, mas a melhor de todas é a intervenção divina, aquilo que eu gosto de chamar de "A Magia da Graça". Quando você começar a entrar em ação e a mudar sua vida, perceberá que as coincidências acontecem o tempo todo à sua volta. Por exemplo, receberá uma informação por e-mail que lhe permitirá tomar uma decisão importante. Ou, quem sabe, durante uma conversa com uma amiga, ouvirá o exato conselho de que precisava para resolver um problema. Esses acontecimentos são um resultado direto de sua decisão de investir em sua própria vida e de cuidar de você em primeiro lugar.

A experiência me ensinou que, quando nos tratamos como almas que merecem carinho, uma força divina apóia os nossos esforços. Depois de ter testemunhado tantas vezes esse fenômeno comigo e com meus clientes, passei a achar que ele é um componente natural da jornada. Dando passos que contemplem o seu próprio eu, como escrever um diário, pedir um aumento merecido ou dizer "não" a quem quer tomar o seu tempo, você colocará em marcha uma ordem superior na sua vida. E o melhor de tudo é que você não precisa acreditar na intervenção divina para colher seus benefícios. Basta tomar conta direitinho de você mesmo e esperar pelos milagres – eles se tornarão uma fonte especial de motivação durante toda a jornada.

O DESAFIO DE AGIR

Nesta semana que começa, preste bastante atenção às coincidências que acontecem quando você faz do cuidado consigo mesmo a sua máxima prioridade. Observe se acontece algo que venha facilitar a sua vida, se alguma coisa de que você precisa aparece como por encanto, se algum desconhecido lhe oferece ajuda. Escreva sobre esses milagres, sejam eles grandes ou pequenos, em seu diário. Colocando-os no papel, você passará a acreditar na intervenção divina e começará a esperar que ela aconteça na sua vida também!

8ª SEMANA

QUAL É O SEU COMBUSTÍVEL?

É difícil viver no presente, ridículo viver no futuro e impossível viver no passado. Nada é tão distante quanto um minuto atrás.

JIM BISHOP

"SOBRECARGA DE INFORMAÇÃO" é uma expressão que muitas pessoas usam hoje em dia para falar de como se sentem oprimidas pelo ritmo de vida frenético do mundo moderno. Embora a expressão sugira que as pessoas se sentem soterradas embaixo de montanhas de papel, conversas com clientes e ouvintes de palestras me dizem que "sobrecarga de informação" significa muito mais do que isso. Significa sentir-se tragado por uma cultura que valoriza as respostas rápidas, a economia de tempo, a capacidade de acompanhar as mudanças e inovar em um nanossegundo. E ainda sentir-se pressionado a manter o mesmo ritmo dos outros e, se possível, tomar a frente. Temos a sensação de estar o tempo todo a pleno vapor.

A velocidade cada vez mais alucinante de nossas vidas vem gerando uma sobrecarga não apenas de informação, mas sobretudo de adrenalina. Quando a adrenalina passa a ser a nossa principal fonte de energia, a glândula supra-renal – que regula a reação de alerta do nosso corpo e nos prepara para lutar ou fugir diante do perigo – não tem um momento de descanso. É interessante observar o simbolismo dessa reação ao mundo em que vivemos. À medida que cresce o nível de tecnologia e se acelera o ritmo da sociedade, o nosso "eu interior vulnerável" reage ao que lhe parece ser um mundo perigoso colocando-se em um estado de alerta permanente. Esse estado supervigilante é um obstáculo psicológico à desaceleração. A tecnologia que deveria facilitar a nossa vida na verdade nos mata de trabalhar.

A tecnologia é ao mesmo tempo uma bênção e uma maldição. Por um lado é fantástico a gente poder colocar um congelado no microondas e preparar uma refeição em apenas alguns minutos, assim como é incrível poder se comunicar instantaneamente com uma pessoa no outro lado do mundo. O problema é que hoje existem inúmeras formas de as pessoas solicitarem o nosso tempo e a nossa atenção. Toda vez que alguém nos deixa uma mensagem na secretária eletrônica, acrescenta um item à nossa extensa lista de afazeres. Com o celular e o pager podemos ser incomodados em praticamente qualquer lugar. E com o e-mail ficou ainda pior. Sem falar que ainda temos que lidar com memorandos internos do trabalho, fax e cartas via correio comum. Não admira que estejamos enlouquecidos.

Além de estar à disposição de todo mundo, às vezes parece que nossos corpos começam a se sincronizar com a velocidade dos computadores. Você lembra a última vez em que fez um upgrade no seu computador ou aumentou a velocidade de acesso à Internet? Quanto tempo levou para se acostumar à nova velocidade para, logo em seguida, querer um sistema ainda mais veloz? É por isso que não conseguimos desacelerar.

Existem alguns sinais e comportamentos que nos alertam para o fato de estarmos sendo movidos a adrenalina. Quando você começa a checar seu correio de voz ou seu e-mail várias vezes ao dia, aquela pontada de ansiedade é o efeito da adrenalina. Quando arranja um tempinho para você, mas está num estado de euforia tão grande que acaba indo arrumar suas gavetas ou terminar um trabalho, o mais provável é que não esteja conseguindo desacelerar e relaxar por estar viciado em adrenalina. Acordar no meio da noite com pensamentos zumbindo na cabeça, não conseguir dormir ou passar o dia tão desconcentrado que não consegue terminar o trabalho podem ser sinais de que a adrenalina se tornou o seu principal combustível.

Como você pode restaurar a sua energia e começar a se abastecer de um combustível mais saudável? Eis aqui algumas coisas que pode fazer para reduzir sua dependência de adrenalina e proteger sua saúde e bem-estar:

1. **Faça o teste.** Se você se sente fisicamente impedido de desacelerar, talvez seja conveniente fazer um teste em seu sistema adrenal para saber se está precisando de cuidados médicos. Isso é importante. Eu já vi muita gente que não teve êxito com técnicas de relaxamento e meditação porque o corpo necessitava de cuidados adicionais. Procure o seu médico e converse com ele a esse respeito.
2. **Programe seus momentos de inatividade.** Sejam pausas de quinze minutos para relaxamento ao longo do dia ou paralisações mais longas, o importante é começar a abrir espaço para não fazer nada.
3. **Mude seus hábitos de trabalho.** Em vez de checar seu correio de voz e seu e-mail várias vezes por dia, comprometa-se a só fazer isso uma ou duas vezes. Esvazie a sua mesa e trabalhe com uma coisa de cada vez. Desligue a campainha do telefone. Diga aos outros que você mudou a sua política de retorno de telefonemas e e-mails. Em vez de responder tudo no mesmo dia, estabeleça o prazo de uma semana. De início, esses comportamentos talvez criem um certo incômodo e um pouco de confusão, mas não desista. Você vai se espantar ao ver os resultados: menos estresse e mais concentração. Se receia que essas práticas vão lhe trazer acúmulo de trabalho, lembre-se: quando há tanto que fazer que lhe dá vontade de sair correndo e se esconder, está na hora de pedir ajuda. Contrate um assistente, peça

ajuda ao seu chefe ou tome a decisão de abandonar por completo alguns aspectos de seu trabalho: quando há coisas demais para fazer, há coisas demais para fazer.

4. **Respire fundo.** Quando somos movidos a adrenalina, nossa respiração tende a encurtar. Aspiramos pequenas quantidades de ar só até a parte de cima do peito, roubando do nosso corpo o oxigênio vital. Essa falta de oxigênio contribui para deixar as mãos frias e pode causar pressão alta e ansiedade. Comece com pausas curtas para minissessões de cuidado pessoal respirando fundo com a ajuda do seu diafragma. Coloque as mãos no baixo-ventre e sinta essa área se mover para dentro e para fora quando respira. Para se lembrar de respirar fundo, associe esta prática aos acontecimentos cotidianos. Por exemplo, pratique a respiração profunda durante o trajeto de ida e volta para o trabalho ou em períodos específicos ao longo do dia: ao sentar-se em sua mesa de trabalho pela manhã, antes de sair para almoçar e antes de voltar para casa. Aumente a freqüência do exercício e, com o tempo, a saúde de todo o seu sistema nervoso vai melhorar.
5. **Tome um complexo vitamínico** para reforçar o seu sistema imunológico.
6. **Corte a cafeína.** Muitos clientes meus se surpreenderam com a energia que ganharam depois de dar um fim ao hábito da cafeína. O café matinal e o refrigerante no almoço podem lhe dar um choque de energia, mas a longo prazo eles deprimem o seu sistema adrenal e roubam sua energia. Corte também o açúcar e as comidas gordurosas!
7. **Faça exercícios regularmente.** Uma caminhada enérgica é uma das melhores coisas que você pode fazer para aliviar o estresse e restabelecer a saúde do seu sistema adrenal. Comece a ir a pé para o trabalho, a subir escadas e a usar a sua hora de almoço para manter o corpo em movimento. Toda vez que sentir ansiedade ou estiver superexcitado, levante-se e saia para eliminar o excesso de energia.

A tendência é que o ritmo de vida de nossa sociedade se acelere cada vez mais. Isso é um grande desafio para quem busca o cuidado máximo consigo mesmo. Para proteger o seu corpo, a sua mente e seu espírito, tire partido da era da informação, em vez de se defender dela, pondo em prática novos comportamentos que reduzam a sua dependência da adrenalina.

O DESAFIO DE AGIR

Conscientize-se dos hábitos e comportamentos responsáveis por sua dependência de adrenalina. Você toma xícaras e xícaras de café durante o dia? Passa um monte de tempo no computador? Fica o tempo todo correndo de um compromisso/tarefa para o outro?

Esta semana escolha um novo comportamento dentre os listados acima e pratique-o com afinco. Apóie-se nos resultados positivos para seguir adiante. Lembre-se: cada pequena mudança servirá de ajuda para você desacelerar e fará uma grande diferença em sua qualidade de vida.

Agora tome nota no seu diário:

Os três hábitos que mantêm a minha adrenalina a mil são:

1. ______________________________

2. ______________________________

3. ______________________________

O novo hábito que eu vou praticar esta semana é:

____

9ª SEMANA

MANTENHA O FOCO

Mantendo-se focado e fiel ao seu compromisso,
você cria impulso, e um impulso produz outro impulso.

RICH FETTKE

TUDO QUE FAZEMOS NA VIDA serve para aprendermos alguma coisa nova. Ter um filho, por exemplo, nos ensina, entre milhares de outras coisas, a ser mais pacientes. Mudar de carreira nos ajuda a ser mais corajosos. Ao escrever meu primeiro livro, aprendi uma importante lição: manter o foco é o segredo do sucesso.

Durante os meses de trabalho, descobri que precisava concentrar minhas energias em um objetivo de cada vez. Para cumprir os prazos e facilitar o processo criativo, aprendi a focar minha atenção nas coisas realmente importantes. Mesmo com medo de me frustrar, eu tive de dizer "não" a coisas que tinha muita vontade de fazer, perdi oportunidades que pareciam imperdíveis e fui obrigada a me refrear conscientemente. Valeu a pena.

Focar significa colocar sua atenção no centro, concentrar-se atentamente sobre uma coisa para vê-la com clareza. Aprender a manter o foco em um único projeto, objetivo ou oportunidade de cada vez não apenas fará de você uma pessoa mais produtiva e efetiva como irá desafiá-lo a aprofundar-se na tarefa à sua frente e aplicar-lhe sua intuição e suas energias criativas.

Na ânsia de obter sucesso, nós muitas vezes tentamos "jogar em todas as posições", agarrar todas as oportunidades ou fornecer todos os serviços que o cliente demanda. Mas a verdade é que o sucesso sustentável a longo prazo resulta da nossa capacidade de nos concentrarmos em um projeto ou objetivo de cada vez.

Para saber se você tem ou não problemas de foco, responda às seguintes perguntas:

1. Você é do tipo que tem tantas idéias novas que nunca começa nenhuma?
2. Você se distrai com facilidade durante o dia e fica com a sensação de que nunca termina nada?
3. O seu cartão de visitas ou o portfólio de sua empresa relaciona tantos serviços e/ou produtos que chega a confundir os clientes potenciais?

Somos seres criativos. Faz sentido querermos seguir muitas inclinações ou muitos caminhos ao mesmo tempo. Mas lembre-se de que, quando você despende a sua energia em muitas direções, enfraquece a força aplicada em cada uma delas. Há algum projeto ou objetivo que demande a sua atenção exclusiva?

O DESAFIO DE AGIR

Escolha um projeto ou objetivo para dedicar a sua energia. Reserve diariamente uma certa quantidade de tempo, anote em sua agenda e mantenha-se fiel à sua programação. Você pode usar esse tempo para o seu cuidado pessoal, para escrever um artigo ou para cuidar do seu negócio. Simplesmente desligue o telefone, feche a porta e ponha um aviso de NÃO PERTURBE. Faça qualquer coisa que mantenha a sua atenção e a sua ação focalizadas naquilo que é importante.

Toda vez que cair na tentação de se desviar para outra coisa, traga a sua atenção de volta ao presente. Quando sua mente começar a viajar, lembre-se de manter o foco utilizando um mantra simples como: “Eu termino meu trabalho.” Esse mantra ajudará a fortalecer o seu “poder de foco”. Depois que melhorar sua capacidade de concentração, você não só ficará menos vulnerável às distrações como terá mais prazer em se dedicar ao processo de criação.

Esta semana eu vou focar a minha atenção em:

____

10ª SEMANA

DEIXE DE MALABARISMOS E COMECE A VIVER

Se você obedece a todas as regras, a diversão acaba.

KATHERINE HEPBURN

EU PASSEI BOA PARTE DA MINHA vida em conferências, falando com gente do mundo dos negócios a respeito do equilíbrio entre sucesso profissional e qualidade de vida. Tive oportunidade de conhecer vários desafios enfrentados por empregados e empresários que trabalham duro para ser bem-sucedidos, muitas vezes à custa de suas vidas pessoais.

Hoje existem boas e más notícias no que se refere à harmonia entre vida e trabalho. A boa notícia é que as empresas estão começando a se preocupar com a forma como o desempenho e a eficiência profissional são afetados pela falta desse equilíbrio. E as pessoas estão se cansando de ter de escolher entre um e outro. A má notícia é que isso está apenas começando, o que significa que muita gente brilhante que trabalha duro continua a sofrer em silêncio, tentando manter todas as bolas no ar ao mesmo tempo.

Acho importante lembrar que, quando colocamos as necessidades profissionais à frente de nossas vidas pessoais, estamos pondo em risco não apenas nossa saúde física e emocional, mas também nosso relacionamento com as pessoas que amamos. E, é claro, prejudicamos o relacionamento mais importante de todos – com a gente mesmo.

Há uma antiga piada que diz: "Não se lê currículo em funeral."

Por estranho que pareça, eu sempre me lembro dessa frase porque ela contém uma grande verdade: é improvável que seu patrão esteja ao seu lado no leito de morte, agradecendo-lhe por trabalhar tanto sem tirar férias; ou que seus clientes e fregueses digam que você era formidável por faltar aos seus compromissos familiares para cuidar das necessidades deles. A única coisa que importa no fim da sua vida é o quanto você amava e era amado pelas pessoas e que tipo de legado está deixando para trás. A pessoa mais importante a quem terá de prestar contas é você mesmo.

Existe uma ligação entre nossa felicidade pessoal e nossa capacidade de fazer sucesso no trabalho. Quando descuidamos da saúde, adoecemos e acabamos perdendo tempo. Quando descuidamos dos nossos relacionamentos, ficamos preocupados com os problemas que temos em casa e nos tornamos muito menos eficientes no trabalho. Quanto mais assoberbados de trabalho, maiores as chances de cometermos erros. Esses são apenas alguns exemplos de como o descaso com nossas necessidades pessoais pode influenciar negativamente o nosso trabalho.

Eu poderia centrar o capítulo desta semana na sua necessidade de delegar mais, de ser mais eficiente na administração do seu tempo e de atacar as prioridades para obter mais equilíbrio. Mas estaria tratando dos sintomas e não da causa do problema. Lidar com a causa é um trabalho interno.

Para melhorar sua produtividade e eficiência no trabalho e *ao mesmo tempo* ter uma vida pessoal satisfatória, você precisa parar com malabarismos e deixar cair algumas bolas. Eu recomendaria que abrisse mão primeiro de:

Tentar agradar a todo mundo.
Tentar fazer com que todos gostem de você.
Tentar ser uma estrela à custa da sua vida.
Tentar fazer tudo.
Tentar fazer tudo com perfeição.
Depender de adrenalina.

Já posso até ouvir alguns de vocês dizendo: "Está bem, para você é fácil falar, mas eu tenho um chefe a quem prestar contas (ou um negócio para administrar)", ou "Não posso me dar ao luxo de largar tudo, tenho família para sustentar". Mas a maioria de nós já percebeu que trabalhar como louco não é trabalhar. Comece devagar e deixe a mudança acontecer dentro de você. À medida que o seu comportamento se modificar, você se tornará não só um profissional mais eficiente como também um exemplo poderoso para os outros – o exemplo de um líder.

O DESAFIO DE AGIR

Esta semana, quando você estiver pensando em quantas bolas vai manter no ar, pergunte a si mesmo sob que aspecto precisa crescer para deixar uma delas cair. Pegue um item da lista acima e veja o papel dele em sua vida cotidiana. Se você é do tipo que quer agradar às pessoas, assuma o desafio de dizer "não" uma vez por dia a alguma coisa a que normalmente diria "sim". Se está tentando fazer tudo, mostre ao seu chefe que você tem prioridades demais e peça uma ajuda para fazer uma escolha. Se não sabe como mudar, peça a alguém de sua confiança que lhe dê três idéias e, se possível, apoio. Lembre-se: a sua vida merece!

A primeira bola que eu vou deixar cair é:

____

O papel que ela desempenha na minha vida é:

____

O novo comportamento que vou praticar esta semana é:

____

11ª SEMANA

DÊ UMA OLHADA EMBAIXO DO CAPÔ

O que ficou para trás e o que está à nossa frente não têm a menor importância em comparação ao que existe dentro de nós.

RALPH WALDO EMERSON

QUANDO QUEREMOS VIAJAR PARA um lugar onde nunca estivemos, em geral fazemos um plano de ação simples. Escolhemos o local, fazemos um mapa, olhamos debaixo do capô para ver se está tudo bem com o carro e aceleramos até chegar ao nosso destino. Se o plano for bem-feito, podemos até prever com razoável precisão a hora em que vamos chegar.

O ritual é o mesmo quando queremos atingir um objetivo. Definimos o objetivo (nosso destino), criamos um plano de ação (nosso mapa) e agimos de acordo com ele, na expectativa de chegar rápido. Só tem um problema – geralmente esquecemos de dar aquela olhadinha debaixo do capô.

Já parou para pensar por que determinado objetivo nunca se realiza? Você entra em campo com uma excelente estratégia. Atua de acordo com ela. Chega perto da área. Mas, por mais que se esforce, parece que tem sempre alguma coisa atravessada no caminho do gol. O Divino, em sua infinita sabedoria, tem um perfeito senso de oportunidade. Quando as coisas não saem do jeito que planejamos, pode ser uma mensagem para esperarmos ou tomarmos um caminho diferente. Mas há momentos em que percebemos intuitivamente que há alguma complicação. Temos a sensação de estar travados e começamos a pensar se a culpa não é do "medo do sucesso" ou do "medo do fracasso".

Essa é a hora de olhar para dentro – debaixo do capô. Ao iniciar uma jornada, costumamos nos concentrar nas coisas que precisamos fazer sem pensar em *quem precisamos ser* para chegar ao destino. Se você pretende publicar um livro, por exemplo, vai precisar desenvolver sua concentração e adiar seus momentos de lazer. Se pretende ser um bem-sucedido agente de investimentos, vai ter de desenvolver habilidades de comunicação impecáveis para construir relacionamentos e conquistar a confiança dos seus clientes. Conhecimento e informação não bastam.

Sob que aspectos *você* precisa crescer para poder atingir seus objetivos? Há algum atributo, como paciência ou empatia, que precisa desenvolver? Alguma qualidade interior que precisa fortalecer? São perguntas importantes que você deve se fazer quando não estiver conseguindo avançar, ou melhor ainda, antes de se lançar em um projeto ou na busca de um objetivo. Para saber mais sobre como identificar as qualidades que necessita desenvolver dentro de si, comece a trabalhar com O Desafio de Agir desta semana. Você descobrirá que é muito mais fácil e prazeroso chegar ao destino depois de dar uma olhada embaixo do capô e fazer os ajustes necessários.

O DESAFIO DE AGIR

Para saber como precisa se desenvolver para alcançar seus objetivos, siga estes quatro passos:

1. Identifique alguém que faz o que você gostaria de fazer (certifique-se de que essa pessoa é *muito* bem-sucedida).
2. Liste três qualidades que contribuem para o sucesso dessa pessoa.
3. Selecione a qualidade que você mais precisa trabalhar. (Geral-

mente é aquela que deixa a pessoa agitada e assustada ao mesmo tempo.)
4. Procure formas práticas de desenvolver diariamente essa qualidade.

Exemplo:

Vamos imaginar que o seu objetivo é se tornar um apresentador de programa de entrevistas. Você identifica Oprah Winfrey como o exemplo de apresentadora bem-sucedida em que gostaria de se inspirar e enumera as três melhores qualidades dela:

1. **Coragem** – capacidade de agir com ousadia.
2. **Vulnerabilidade** – capacidade de se abrir com os outros.
3. **Temeridade** – disposição de se aventurar no desconhecido.

Refletindo sobre essa lista, você percebe que a qualidade que mais precisa desenvolver é a coragem. Faça, portanto, alguma coisa ousada todos os dias. Saia em campo e corra riscos. Envie seu currículo para aquela empresa onde sonha trabalhar, termine aquele relacionamento que vem consumindo suas energias, tente uma bolsa de estudos no exterior. Se você realizar ações práticas para desenvolver essa parte de seu caráter *todos os dias*, não apenas chegará ao seu destino muito mais cedo como desfrutará uma viagem muito mais tranqüila.

Uma pessoa que eu admiro é:

____

As três qualidades que eu mais admiro nela são:

1. ____

2. ______________________________

3. ______________________________

A qualidade que eu mais preciso desenvolver é:

____

Para desenvolver essa qualidade, eu farei as seguintes três coisas:

1. ______________________________

2. ______________________________

3. ______________________________

12ª SEMANA

CHECK-UP DE PRÉ-TEMPORADA

Com o foco no tempo livre, você multiplica a sua produtividade.

SUSAN CORBETT

O INÍCIO DO OUTONO É A ÉPOCA do ano que sempre me dá uma certa sensação de tristeza. Eu gosto muito dos longos dias de verão e todo ano reservo pelo menos duas semanas para relaxar em algum lugar onde possa ficar em contato com a natureza, sem planos programados, telefones tocando nem mensagens de e-mail para me afastar de mim mesma. Durmo quando tenho vontade, escrevo incontáveis páginas em meu diário e fico sentada na praia curtindo o sol.

Durante esse "descanso da alma" é que eu vejo o quanto é importante dar um tempo para deixar a cabeça assentar. Com o passar dos dias vou me sentindo mais em paz e disposta a transferir o foco para dentro de mim mesma para reavaliar minhas prioridades. É a forma perfeita de terminar o verão.

Para muitos de nós, o fim do verão marca o início de um novo ano, a hora de voltar aos assuntos sérios de trabalho e entrar em ação. Essa mentalidade, eu tenho certeza, provém dos nossos anos de juventude, quando os dias espontâneos das férias de verão eram substituídos pelos horários, aulas e deveres de casa que não acabavam mais.

Antes de mergulhar com tudo no trabalho, porém, talvez seja interessante você dispor de algum tempo para reavaliar as suas prioridades e aprofundar seu compromisso com o cuidado pessoal – a chave de uma transição suave e sem transtornos. Você pode começar refletindo sobre as seguintes questões:

1. Você reavaliou as suas prioridades (a sua lista de "sim absoluto") para ter certeza das cinco coisas às quais dará o melhor do seu tempo e da sua atenção?
2. Já agendou (a caneta) um tempo semanal para você durante os próximos três meses?
3. Você se comprometeu com alguma coisa que não lhe convém mais? Lembre-se, mudar de idéia é um direito seu, e é sempre melhor fazê-lo mais cedo do que mais tarde.

Quando você pensar na sua programação, procure aqueles itens que podem sobrecarregar sua agenda e trate deles agora mesmo. Por exemplo, se os seus filhos precisam de transporte para as atividades extracurriculares, contate outros pais e combine uma forma de alternar a carona ou contrate um serviço de van para levá-los.

Não entre de cabeça na nova estação! Mantenha a ligação com seu corpo e sua alma reservando tempo para você e repassando as suas prioridades máximas para ter certeza de que vai gastar sua energia nas coisas mais importantes.

O DESAFIO DE AGIR

Dedique uma noite ou tarde desta semana para um check-up de pré-temporada. Use esse tempo para:

1. Atualizar a sua lista de "sim absoluto". Faça listas separadas para as prioridades pessoais e profissionais, copie-as em pequenas fichas e mantenha-as à vista.
2. Dê uma repassada na sua agenda e cancele todos os compromissos que lhe causem apreensão ou arrependimento.

3. Crie uma "reserva de espaço" programando pausas semanais para o cuidado pessoal nos próximos meses.
4. Escolha um fim de semana nos próximos três meses para se dar de presente um descanso para a alma.

13ª SEMANA

QUE REINE A LIBERDADE FINANCEIRA

A principal razão das dificuldades financeiras das pessoas é passar anos na escola sem aprender nada sobre o dinheiro. A gente aprende a trabalhar por dinheiro... e não a fazer o dinheiro trabalhar para nós.

ROBERT KIYOSAKI

EM *SUA VIDA EM PRIMEIRO LUGAR* eu falava da importância de assumirmos a responsabilidade pela nossa saúde financeira. Depois de mais de quinze anos assessorando clientes nessa área, percebi que existe uma clara ligação entre nossa capacidade de lidar com o dinheiro que já temos e nossa capacidade de ganhar mais dinheiro. Era comum, por exemplo, clientes que pagavam suas contas com atraso, ou que contraíam novas dívidas sem liquidar as que já tinham, acabarem atolados num lamaçal financeiro. Quando não lidamos com o dinheiro que temos de uma forma responsável e madura, estamos continuamente enviando para nós mesmos a mensagem de que não temos capacidade gerencial de ganhar mais.

O primeiro passo para a liberdade financeira é resolver as coisas básicas, o que significa equilibrar receitas e despesas (ou pagar a alguém para fazê-lo), quitar débitos ou economizar dinheiro regularmente. Enfrentar nossos medos e ansiedades a respeito de dinheiro e agir para melhorar nossa saúde financeira resulta em abrir as portas para o ingresso de mais abundância em nossas vidas.

Depois de cuidar do básico e entrar no caminho da melhoria financeira, o passo seguinte é ver até que ponto o seu dinheiro está trabalhando para você. Este capítulo trata do conceito de responsabilidade financeira e da construção de reservas.

Eu gostaria de desafiar você a investir de forma mais séria, mais sábia e mais consciente em sua liberdade financeira. Tirando partido, por exemplo, do conceito de juro composto. Depois que trocar a sua postura de "trabalhar para ganhar dinheiro" pela de "fazer o dinheiro trabalhar para você", depois que experimentar os benefícios de ganhar dinheiro com o seu dinheiro e ganhar ainda mais dinheiro em cima desse dinheiro, a idéia de investir terá para você um significado inteiramente novo.

Muita gente me escreveu para falar do livro de Robert Kiyosaki, *Pai Rico, Pai Pobre* – uma maravilhosa história com uma importante mensagem. Com seus mais de um milhão de exemplares vendidos em todo o mundo, Kiyosaki tocou claramente na sensibilidade de todas as pessoas que já cansaram de se sentir vítimas do poder do dinheiro. Kiyosaki (um milionário que venceu na vida com seu próprio esforço) escreve sobre aquilo que as pessoas ricas sempre souberam: quando você aprende a lidar com o dinheiro, a acumular ativos que trabalhem a seu favor, a usar o poder do juro composto, está investindo na sua liberdade de viver a vida do jeito que *você* quer vivê-la.

Portanto, é com a intenção de mudar sua mentalidade de "Eu tenho um bom emprego que me paga bem" para "Eu farei o que estiver ao meu alcance para construir minha independência financeira", que eu quero lhe propor os três passos seguintes:

1. **Informar-se sobre dinheiro e investimento.** Eu sei que vocês, leitores, são pessoas ocupadas, mas sei também que a idéia de mergulhar em estratégias de investimento, embora possa parecer assustadora, não tem nada de complicada. Se o dinheiro (ou a falta de dinheiro) controla a sua vida de alguma

forma, por que não gastar um pouco do seu tempo e da sua energia nesta questão tão relevante? Aprender a tirar partido do dinheiro faz você recuperar a sua força.

Você pode, por exemplo, começar lendo *Pai Rico, Pai Pobre* para compreender melhor a diferença entre trabalhar duro para ganhar dinheiro e colocar seu dinheiro trabalhando duro para você. Isso lhe dará uma base sólida sobre a qual construir a sua liberdade financeira. Não deixe que o medo, a ansiedade, as crenças obsoletas e a preguiça sejam um empecilho para você se instruir a respeito de algo que tem um impacto tão potente na sua qualidade de vida. Afinal, a falta de reservas financeiras é a mais comum de todas as desculpas de quem não consegue optar pelo que gostaria de fazer em sua vida. Em vez de ficar num emprego que você detesta, de continuar morando numa casa ou apartamento que não lhe convém mais, ou de se sentir numa arapuca de dívidas que não param de crescer, decida aprender o máximo que puder sobre como usar o dinheiro em seu próprio benefício.

Para tornar o aprendizado mais fácil e divertido, assine um jornal especializado em negócios e finanças e leia-o a caminho do trabalho, informando-se sobre novas tendências e boas idéias de investimento. Ou, então, proponha a um amigo que também esteja interessado em cuidar da sua saúde financeira que vocês dois leiam um mesmo livro e troquem idéias sobre o que aprenderam. Navegue na Internet. Existem sites que ajudam os internautas a aprenderem sobre uma miríade de temas relacionados com dinheiro. Você pode se informar sobre como usar serviços de corretagem, sair do vermelho, aposentar-se rico, pesquisar ações e investir para os seus filhos. Enfronhando-se em finanças, você estará enviando para você mesmo uma clara mensagem de que é capaz de aprender ainda mais.

2. **Eleve o seu padrão financeiro e comece a economizar agora.** Independentemente de quanto dinheiro você tenha ho-

je, mude seu foco da dureza para a riqueza. Reconheça agora mesmo que você tem força e capacidade de assumir o comando do seu futuro financeiro. Em vez de se sentir como um escravo do dinheiro, em vez de se conformar com um emprego ou negócio que você destesta, faça algo a respeito.

Dentro de cada um de nós há um gerente financeiro capaz à espera de uma oportunidade. Não importa se você tem um monte de dívidas, se está só empurrando com a barriga ou se tem dinheiro dormindo em algum banco: tire o seu foco da dureza e do medo e assuma o controle da sua vida criando investimentos inteligentes, que façam o seu dinheiro trabalhar para você.

Determine que percentual do seu salário você vai investir todo mês e aplique essa quantia assim que receber. Se deixar para poupar no final do mês, dificilmente vai sobrar alguma coisa. Além disso, mude os seus investimentos atuais para um lugar mais apropriado e lucrativo. Certifique-se de que o seu dinheiro está trabalhando para você. A melhor motivação para economizar é saber que você está ganhando o juro mais alto possível na sua situação atual. Se está fazendo dinheiro em cima do seu dinheiro, é provável que passe a ter vontade de investir ainda mais.

3. **Procure um bom consultor financeiro.** Depois de um ano inteiro precisando me aconselhar com um consultor financeiro, eu finalmente tomei a decisão de marcar uma entrevista. Optei por um planejador financeiro que cobra por consulta, para poder ter uma orientação independente de comissões sobre possíveis aplicações. Além de consultor financeiro, ele era também advogado tributarista. Foi a coisa mais inteligente que eu fiz. Mesmo tendo alguma experiência financeira, trocar idéias com um consultor qualificado e experiente (um sujeito de grande personalidade, que me tratou como parceira) me estimulou a investir mais tempo em minha saúde financeira.

   Achar o consultor certo e assumir o compromisso de reavaliar a sua situação financeira são iniciativas importantes para deixar claras as suas atuais possibilidades financeiras. Por exemplo, você aplica o seu dinheiro num investimento que lhe dá o melhor retorno possível? Faz tudo o que está ao seu alcance para reduzir suas obrigações fiscais? Está se planejando para ter uma aposentadoria tranqüila? Essas são algumas das questões que um bom consultor financeiro pode responder. Aprendendo mais e sabendo que tem alguém do seu lado, você terá mais estímulo para levar o seu padrão financeiro a um novo patamar.

Cuidar melhor do seu dinheiro e investir no seu futuro significa elevar o seu nível de maturidade e enfrentar o fato de que, daqui para a frente, mesmo um emprego bem-remunerado irá lhe proporcionar no máximo uma vida medíocre. A crença de que uma sólida educação, um bom emprego ou um negócio bem-sucedido são a chave do sucesso financeiro a longo prazo é ultrapassada e não necessariamente verdadeira. Com o crescimento da economia e a aceleração da inflação, você pode ter que suportar, durante um período cada vez maior da sua vida, um emprego insatisfatório e condições de trabalho ruins. E, se você é um empresário cuja renda depende de seu trabalho pessoal, está no mesmo barco. Seja inteligente. Aprenda a ganhar dinheiro enquanto dorme, relaxa ou aproveita as férias!

O DESAFIO DE AGIR

Esta semana pense nos passos que vai dar em direção à liberdade financeira. Em que ponto do caminho você está? Precisa começar a economizar? Mudar os investimentos que já tem? Precisa de um parceiro que ajude em seus esforços? Enquanto pensa no que vai fazer para pôr o seu dinheiro para trabalhar para você, pare e identifique uma medida que possa tomar esta semana. Você pode, por exemplo:

1. Marcar uma entrevista com um consultor financeiro (pode ser o gerente do seu banco ou até mesmo um amigo bem informado sobre as melhores opções de investimento).
2. Ir à biblioteca e pegar um livro de um especialista em finanças.
3. Tirar seu dinheiro da conta corrente e aplicá-lo num investimento melhor.
4. Investir no plano de previdência da sua empresa.
5. Determinar a quantia que vai investir todo mês assim que receber seu salário. Ou seja, antes de fazer qualquer outro gasto.
6. Cortar despesas em determinada área e investir esse dinheiro.

O que eu vou fazer esta semana para me informar mais a respeito de como ganhar dinheiro é:

____

A medida que eu vou tomar esta semana para investir em minha liberdade financeira é:

____

14ª SEMANA

SERÁ QUE VOCÊ AINDA SABE SE DIVERTIR?

A vida não é um ensaio de estresse.

LORETTA LAROCHE

QUANDO FOI A ÚLTIMA VEZ EM QUE você se divertiu? Aquela crise de riso ou experiência excitante que deixou você sem fôlego? Qual foi a última atividade que deixou um sorriso em seu rosto durante pelo menos trinta minutos? Soa familiar? Não sei você, mas eu às vezes levo a vida tão a sério que, quando me envolvo num projeto ou na busca de um objetivo, mergulho fundo e raramente venho à tona para respirar. Na verdade, eu descubro que a diversão está faltando em minha dieta quando a simples menção dessa palavra me aborrece.

Diversão é um nutriente vital para a boa qualidade de vida, mas bastante escasso para muitos de nós. Seria o máximo se pudéssemos comprar "pastilhas de diversão" na loja de produtos naturais da esquina e tomar uma antes de sair para o trabalho. Mas, como isso não existe, você vai ter de encontrar um jeito de incluir mais diversão na sua rotina.

Fazer coisas fora do comum pode ser um bom começo. Experimente alguma atividade que há muito tempo você não faz. Vá andar de patins para matar as saudades da sua infância ou adolescência. Pegue uma sessão de cinema no meio da tarde. Faça uma aula de dança ou combine de sair para dançar com um grupo de amigos. Pare o que estiver fazendo e assista ao pôr-do-sol.

A vida é curta. A vida é ocupada demais. A vida às vezes é um saco. O remédio: uma dose de diversão, ao menos uma vez ao dia, resolve o problema!

O DESAFIO DE AGIR

Pare agora mesmo, abra o seu editor de texto e faça um cartaz (usando uma fonte tamanho 24, pelo menos) com a frase: SERÁ QUE EU AINDA SEI ME DIVERTIR? Imprima este aviso e deixe-o pendurado em algum lugar de seu escritório. (Se preferir, compre uma cartolina e escreva a mão mesmo, em letras garrafais.) Isso é para você se lembrar de fazer alguma coisa divertida pelo menos duas vezes por semana.

Aqueles que já não sabem mais como se divertir, não se preocupem. Prevendo essa possibilidade, eu pedi a alguns "especialistas em diversão" que fizessem suas listas das dez-mais (meus sobrinhos e sobrinhas, com idades de três a oito anos). Olhem só com o que eles me saíram:

1. Brincar com os amigos.
2. Jogar videogames (não se preocupe se não se sair bem no início).
3. Ir à loja de brinquedos.
4. Pegar um gatinho.
5. Tomar sorvete.
6. Brincar de escorrega ou de balanço.
7. Ir à praia e brincar na água.
8. Andar de patins com capacete, joelheira e tudo o mais.
9. Brincar no trepa-trepa.
10. Não tomar banho.

Agora, escreva as três coisas que você gostaria de fazer para se divertir:

___

15ª SEMANA

DÊ FÉRIAS À SUA CABEÇA

Nossos maiores arroubos de contentamento costumam ser acesos por fagulhas inesperadas.

SAMUEL JOHNSON

VOCÊ JÁ PERCEBEU QUE ALGUMAS das suas melhores idéias surgem no chuveiro? Ou que sua inspiração aumenta durante as férias? Tudo isso tem a ver com a forma como nós pensamos.

O cérebro humano tem dois modos básicos de operação: o analítico/reflexivo – aquele que usamos para memorizar, analisar relatórios financeiros e aprender uma nova técnica – e o relaxado/intuitivo – que nos permite deixar o pensamento em repouso, viver o momento presente e acessar nossa sabedoria interior. Quando entramos no banho ou saímos de férias, passamos a "funcionar" neste segundo modo. Ambos são importantes e úteis, desde que usados da maneira certa.

Como a nossa cultura é exageradamente focada na informação, a maioria de nós vive para o que se passa acima do pescoço. Passamos tanto tempo pensando, analisando e tentando entender as coisas que o nosso cérebro fica estacionado no modo analítico de operação. Neste modo, geralmente nos ocupamos do passado e do futuro, foco mental que compromete seriamente a nossa qualidade de vida no presente. Passar o fim de semana pensando na reunião que você terá com seu chefe na segunda-feira, ficar ruminando sobre o que poderá acontecer, é um tipo de pensamento analítico que pode estragar seu momento de lazer ao lado da família. Quando você sofre para resolver um problema e fica com a cabeça girando em círculos sem solução à vista, o mais provável é que o seu cérebro esteja preso num circuito fechado intelectual.

Não há nada de errado com o modo analítico de pensar. Mas, quando o usamos para lidar com situações de natureza menos objetiva (escrita criativa, solução de problemas e relacionamento com outras pessoas, por exemplo), acabamos tendo de lutar para "entender as coisas", em vez de deixar que a resposta venha à tona sem esforço. Vou dar um exemplo do que estou dizendo.

Quando estava escrevendo meu primeiro livro, aprendi a usar o modo cerebral intuitivo para tornar o processo mais prazeroso. Antes de começar um capítulo novo (geralmente a parte mais difícil para mim), eu ordenava ao meu cérebro que começasse a criar um esboço para estar pronto às três da tarde. Aí eu ia à praia com um bom livro e passava o início da tarde relaxando ao sol. Toda vez que começava a pensar no capítulo que tinha de escrever (modo analítico), eu me dizia simplesmente: "Já está sendo tratado." E voltava a relaxar (modo intuitivo). Sei que pode parecer loucura, mas, quando me sentava diante do computador às três da tarde, o capítulo começava a sair. No começo, gota a gota, é verdade. Mas depois que eu confiava ao modo intuitivo o comando das ações, o texto fluía que era uma beleza.

É lógico que nem sempre isso funciona assim, mas é importante afastar-se dos problemas e descansar um pouco a cabeça para poder voltar ao trabalho com mais concentração e energia. Além disso, quando damos férias ao cérebro, temos muito mais facilidade de acessar a nossa sabedoria interior.

Se você quer desfrutar a vida mais plenamente, o segredo é ensinar a si mesmo a entrar no modo intuitivo com mais freqüência. Assim você terá o seu cérebro analítico mais disponível para outras "coisas" – como consertar a bicicleta para poder pedalar no feriado.

O DESAFIO DE AGIR

Esta semana eu gostaria que você fizesse uma experiência. Escolha um problema ou desafio e, em vez de ficar o tempo todo pensando no que precisa ser feito, dê ao seu cérebro intuitivo a incumbência de resolver o problema enquanto você faz outra coisa. Estabeleça um prazo para que a resposta venha à tona e deixe acontecer. Crie o seu próprio mantra para usar quando o cérebro analítico tentar assumir o controle e, quando estiver pronto, volte na hora marcada para ver o que acontece.

Fazendo este exercício regularmente, você estará não apenas ensinando a si mesmo a acessar a sua sabedoria interior, mas também treinando o seu cérebro para usar esse modo de pensamento com mais freqüência. Aprendendo a passar mais tempo no modo intuitivo, você descobrirá que a sua imaginação funciona a mil por hora e que a sua capacidade de acessar a sabedoria interior é questão de um simples estalar de dedos.

O problema/desafio ou idéia com que eu vou praticar esta semana é:

____

Quando o meu cérebro analítico se manifestar, eu simplesmente direi:

____

Eu vou buscar respostas para ____________________

enquanto ______________________________

16ª SEMANA

PARE, OLHE, OUÇA

Quando você começa a dizer que não pode tirar uma folga de jeito nenhum, é exatamente quando está precisando dela.

JENNIFER LOUDEN

VOCÊ JÁ ESTÁ HÁ VÁRIAS SEMANAS promovendo mudanças em sua vida, portanto está na hora de se premiar com um merecido descanso! Muitas pessoas reclamam que se sentem massacradas, exaustas e fartas de tudo o que têm de fazer, mas não encaram o desafio de mudar isso. É fácil reclamar e dizer que é impossível encontrar uma saída, que você não tem tempo para nada porque trabalha muito ou está sobrecarregado tanto de problemas pessoais quanto profissionais. Mas quem diz que *quando* tudo estiver resolvido vai relaxar e se dar um tempo está se enganando.

A caixa de entrada
da vida nunca esvazia!

O ritmo alucinado dessa nossa cultura movida a adrenalina faz você cair na armadilha de acreditar que vai poder relaxar depois que fizer uma última ligação telefônica, que terminar aquela tarefa inadiável ou que responder a um e-mail que acabou de chegar. Sem se dar conta, você já está na velocidade máxima e parece que o seu corpo não consegue desacelerar. Eu também já caí nesse conto e, por causa disso, resolvi me treinar para *parar, olhar* e *ouvir*.

É justamente nos momentos de maior pressão, no auge do estresse, que precisamos *parar* o que estamos fazendo, *olhar* as nossas prioridades e *ouvir* o nosso próprio corpo. Apesar de sermos capazes de superar esses períodos de desafio, eu posso lhe garantir que o estresse e o cansaço sempre cobram o seu preço. Logo, logo aparece a desculpa perfeita para parar – uma doença.

Em vez de jogar o seu cuidado pessoal para o final da sua lista de coisas a fazer, em vez de esperar que a doença ponha um freio na sua correria, aprenda a estabelecer pausas para o seu cuidado pessoal *durante* os momentos de maior pressão. Com isso você ficará mais sensível aos sintomas de estresse (rigidez dos ombros e do pescoço, ansiedade, cabeça a mil, dificuldade de dormir e assim por diante) e cuidará dele *antes* que chegue perto demais. Independentemente do que esteja acontecendo em sua vida neste exato momento, dê a você mesmo permissão para parar e tirar uma folga merecida.

O DESAFIO DE AGIR

Pare imediatamente e programe uma pausa para se cuidar. Você pode tentar uma das seguintes alternativas:

1. Marque um encontro romântico esta noite (pode ser com o seu próprio marido ou com a sua própria esposa!).
2. Se tiver filhos, ligue para um parente e peça-lhe que fique com as crianças esta noite (ou, melhor ainda, este fim de semana!).
3. Agende uma sessão de shiatsu.
4. Ligue para um amigo e peça ajuda.
5. Vá assistir àquele filme que está morrendo de vontade de ver.
6. Combine uma partida de tênis, ou um jogo de duplas de vôlei, ou qualquer outra atividade esportiva, com seus amigos.
7. Tome um longo banho, se possível numa banheira de hidromassagem cheia de espuma.

Se não tem certeza de qual tipo de cuidado pessoal seria melhor neste momento, responda à seguinte pergunta: o que você gostaria de fazer que lhe deixaria com sentimento de culpa? Se o que respondeu não vai prejudicar você nem mais ninguém, então faça!

Esta semana o cuidado pessoal que eu vou me dar de presente é:

____

17ª SEMANA

CRIE ESPAÇO

Da balbúrdia, crie simplicidade.

ALBERT EINSTEIN

SOU UMA ARDOROSA DEFENSORA da criação de espaços. Não chego a ser obsessiva (se bem que eu aposto que meu marido discorda), mas preciso de muito espaço para pensar, relaxar, criar e respirar. Levei cinco anos para me treinar a cortar a bagunça e o excesso pela raiz. É um ritual simples: na dúvida, jogue fora. Eliminar a correspondência *quando* você a recebe, por exemplo, jogando fora tudo o que for possível, ajuda a conter a papelada antes que ela chegue à sua mesa, à sua pilha de coisas a fazer ou à infame gaveta de bagulhos. Enfrentar essa pilha com a disposição de excluir projetos do tipo "talvez eu faça isso algum dia" pode ser também uma ótima forma de acabar com a desordem antes que ela se instale.

Na "era da sobrecarga de informação", evitar a balbúrdia é uma importante técnica de sobrevivência que você pode ensinar a si mesmo. Somos viciados em informação: guardamos revistas, livros e documentos antigos. E conservamos montes de papel à nossa volta porque temos receio de vir a precisar um dia de alguma coisa escrita neles. Precisamos de informação para tomar decisões abalizadas, mas essa excessiva dependência nos acostuma a procurar sempre a verdade fora de nós mesmos em vez de usar os recursos alternativos – o instinto e a intuição – que são a nossa fonte de sabedoria.

Tudo o que você quiser saber sobre qualquer coisa está hoje à sua disposição na Internet. Se não acredita em mim, entre num site de busca e digite uma palavra qualquer. Observe a quantidade de informação que aparece (pasta de dente: 8.580 entradas; consultoria em liderança: 18.200). Por que então não se livrar da papelada (ou, pelo menos, de boa parte dela) e passar a usar a Internet? Se tem aversão a computador ou não gosta de perder tempo na Internet separando as informações confiáveis das irrelevantes, guarde apenas o essencial na sua casa ou no seu escritório e recorra a uma biblioteca pública quando precisar fazer alguma consulta mais específica. Criar espaço faz você se sentir melhor, psicológica e emocionalmente. Quando você elimina as coisas desgastantes e estressantes, consegue até sentir a energia voltando ao seu corpo. E quando isso acontece a sua mente clareia e o seu espírito se eleva. Vamos fazer uma pequena experiência. Pare agora mesmo e olhe ao redor do lugar onde você está. Há algum espaço que precise ficar livre da balbúrdia? Uma cesta de lixo superlotada, uma mesa sem espaço para nada ou uma estante amontoada de papéis? Há quanto tempo você tem vontade de liberar essa área? Observe o que acontece no seu corpo *e* na sua mente quando volta sua atenção para esse espaço.

Se você é como a maioria das pessoas, deve estar há tempos sofrendo com esse caos e sentindo a sua energia ser consumida por uma combinação de diálogo interno negativo e confusão visual. Mas, depois que a gente vai à luta e acaba com a bagunça, se sente com muito mais energia e motivação. (Não se preocupe, você vai passar por isso em breve.)

O.k., basta de convencimento. Vamos começar. Veja O Desafio de Agir adiante e repita comigo: na dúvida, jogue fora; na dúvida, jogue fora; na dúvida, jogue fora...

O DESAFIO DE AGIR

A proposta é a seguinte. Esta semana veja algum lugar que precise de uma geral e desafie-se a jogar fora *mais* do que lhe agrada. Reserve uma hora durante a tarde para checar seus arquivos, esvaziar uma gaveta e eliminar pastas velhas. Ataque um armário que está enlouquecendo você. Limpe o disco rígido do seu computador ou, pelo menos, seus e-mails. Dê um jeito naquela gaveta de bagulhos em que você está de olho há muito tempo. Pense neste exercício como o desenvolvimento de uma técnica de sobrevivência para o século vinte e um. Eliminar mais do que você gostaria tem menos a ver com acabar com a balbúrdia do que com se treinar para desenvolver a mentalidade do "na dúvida, jogue fora". É essa mentalidade que lida com a fonte do problema.

Quando tiver terminado, admire durante pelo menos cinco minutos o lugar arrumado e observe como você se sente. Esse prazer de se sentir ao mesmo tempo relaxado e com mais energia é o verdadeiro significado de criar espaço.

18ª SEMANA

CONCENTRE SUA ENERGIA

Levar o próprio eu ao estado de ânimo e à energia necessários à realização de tarefas que exigem trabalho árduo e constante é a grande batalha de todo mundo. Quando se vence esta batalha de uma vez por todas, tudo fica fácil.

THOMAS A. BUCKNER

A VIDA É ENGRAÇADA. Eu já havia decido intitular este capítulo "Concentre Sua Energia" e escrever sobre a importância de estabelecer prioridades e eliminar distrações para se manter focado quando percebi que muitas outras idéias para outros capítulos vinham à minha cabeça. Pensando nesses vários temas, comecei a me sentir ansiosa e um pouco estressada. Aí eu caí em mim: eu estava deixando essas outras idéias me afastarem do foco.

Portanto, de volta ao plano original...

Quando nossa atenção é atraída ao mesmo tempo para direções diferentes, experimentamos uma sensação de frustração e desconforto. É o que chamo de "dispersão de energia". Ficamos com a impressão de estarmos sendo empurrados para fora do centro por alguma coisa que distrai a nossa atenção. Tenho certeza de que você já passou por isso: você está concentrado enviando um e-mail importante, o telefone toca, você perde o fio do pensamento e a sua mente sai atrás de outras coisas. Ou então você está lendo um relatório para uma reunião importante, alguém entra na sala e você esquece completamente tudo o que acabou de ler. Esse tipo de distração faz a gente perder não só um tempo precioso mas também uma energia preciosa. E nos deixa frustrados, ansiosos e às vezes até estressados.

Não surpreende que, nesta época de e-mails, fax e celulares, seja tão difícil conseguirmos concentrar a nossa energia nas coisas realmente importantes. É comum nos deixarmos afastar de nossas prioridades para atender às necessidades de outras pessoas. Portanto, se você quiser se ater às suas prioridades *e* ser eficiente no seu trabalho, vai precisar juntar a sua energia dispersa e focar novamente a sua atenção.

Eis aqui um truque que uso quando quero tornar os meus dias mais produtivos e agradáveis. Os dias em que me sinto mais concentrada e livre de estresse são justamente aqueles em que eu dedico uma parte da manhã a estabelecer conscientemente a agenda do dia. Antes de ir para o escritório, eu me sento calmamente e faço o seguinte:

1. Escrevo em meu diário as três prioridades máximas da semana.
2. Escrevo as três coisas mais importantes que posso fazer hoje para atender a essas prioridades.
3. Antecipo e elimino as distrações.

Uma vez conhecidas as suas prioridades e definidas as ações para atendê-las, não espere a distração chegar. Antecipe-as e elimine-as *antes* que elas aconteçam. Por exemplo: quando escrever é uma prioridade, eu desligo a campainha do telefone porque sei que me distraio com o barulho. Quando separo uma tarde para retornar telefonemas, eu desligo o computador para que minha atenção não seja distraída por e-mails.

Vamos imaginar que as suas três grandes prioridades da semana são:

1. Fazer exercício.
2. Terminar um relatório de trabalho.
3. Dar atenção à família.

As três coisas mais importantes que você pode fazer hoje são:

1. Agendar (a caneta) o horário em que vai fazer exercício em três dias diferentes da semana.
2. Separar um período de duas horas para terminar o relatório.
3. Combinar um passeio com a família para o fim de semana.

As potenciais distrações que você pode eliminar antecipadamente são:

1. **Problemas de última hora.** Terminar tudo o que tem a fazer, seja em casa ou no trabalho, meia hora antes do horário planejado para o exercício. Se o local aonde vai se exercitar for distante, será necessária uma antecedência ainda maior.
2. **Interrupções.** Não atender o telefone, não abrir o correio eletrônico e colocar um aviso de NÃO PERTURBE na porta do escritório.
3. **Tentações de fim de semana.** Deixar todo o trabalho no escritório na sexta-feira para ter o fim de semana completamente livre para passar com a família.

Se você estabelecer *por escrito* as suas prioridades e suas ações e começar o dia de trabalho eliminando todas as possíveis distrações, verá que é muito mais fácil se manter concentrado (e livre de estresse) o dia inteiro.

O DESAFIO DE AGIR

Esta semana use os primeiros quinze minutos de cada dia para criar o seu próprio ritual. Arranje um lugar confortável para identificar e escrever as suas três prioridades máximas da semana. Em seguida, liste as ações que você vai realizar durante o dia para atender a essas prioridades. E, finalmente, comprometa-se a identificar pelo menos três possíveis distrações e eliminá-las *antes* de começar o seu dia.

As minhas três prioridades máximas da semana são:

1. ______________________________

2. ______________________________

3. ______________________________

As cinco ações que eu preciso realizar esta semana para atender a essas prioridades são:

1. ______________________________

2. ______________________________

3. ______________________________

4. ______________________________

5. ______________________________

As possíveis distrações são:

____

Para eliminar essas distrações, eu vou:

____

19ª SEMANA

PAUSA PARA A ESPONTANEIDADE

O melhor presente que você pode dar a si mesmo é um pouco da sua atenção.

ANTHONY J. D'ANGELO

VOCÊ ALGUMA VEZ JÁ ACHOU que a vida não passa de uma interminável rotina diária? Você acorda, toma banho, escova os dentes, se veste, sai para trabalhar e blablablá... Bom, se um dia a mais dessa mesma lengalenga deixa você de mau humor, então está na hora de uma pausa para a espontaneidade.

Eu sei que a idéia de programar uma pausa para a espontaneidade parece uma contradição, mas, quando a gente lembra que a nossa sociedade vive em função do relógio, isso passa a fazer sentido. É comum cairmos na armadilha de acreditar que a vida se tornará mais fácil e mais plena de significado quando conseguirmos viver e agir eficientemente. A programação, o relógio e o tempo bem planejado podem esmagar o nosso espírito criativo – aquela parte de nós que floresce no tempo espontâneo, no tempo em aberto.

Eu adoro ter tempo livre. Ter uma tarde ou um dia para mim mesma, para fazer tudo o que quero sem obrigação de estar num lugar determinado a tal hora. Na verdade, eu posso me tornar uma pessoa de difícil convivência quando a minha agenda fica lotada de compromissos programados (é só perguntar ao meu marido).

Quando tenho tempo em aberto, eu costumo parar, fechar os olhos e checar a minha mente para saber o que é bom fazer naquele momento. Às vezes eu obtenho respostas idiotas como "Limpe a geladeira" (um bocado estranho, eu sei). Outras vezes quero tirar uma soneca, sair para caminhar, ir a uma livraria ou simplesmente sentar e relaxar.

Como seres criativos, todos precisamos de períodos de tempo para viver espontaneamente sem compromissos nem confusões. Criando espaço para viver o momento, nós reforçamos nossa ligação com a sabedoria interior e nos damos um merecido descanso da rotina. Sei que você não consegue imaginar quando – em meio à sua agenda apertada – vai encontrar horário para fazer o que *quer* e não o que *precisa* fazer. Mas não se esqueça de que é você quem tem o poder de decisão sobre a sua vida. Será que não está na hora de uma pausa para a espontaneidade?

O DESAFIO DE AGIR

Esta semana programe uma pausa para a espontaneidade. Escolha um horário à tarde ou à noite e dê a você mesmo o presente do tempo livre de compromissos e obrigações. Faça tudo o que vier à sua cabeça na hora. Durante essa parada, consulte sua sabedoria interior e pergunte a ela: "O que é que eu quero *realmente* fazer agora?" Não importa quão idiota ou simples seja a resposta, confie no seu instinto e vá em frente!

Meu tempo em aberto, espontâneo, durante esta semana será:

____

20ª SEMANA

OS PRIMEIROS SINAIS DE ALERTA

A prática do cuidado pessoal total nos envolve em uma energia que faz milagres em nossa vida e nas vidas das pessoas à nossa volta.

SHIRLEY ANDERSON

O CONCEITO DE CUIDADO PESSOAL total é a base do meu trabalho. Praticar o cuidado pessoal total significa cuidar radicalmente bem de você, mesmo que às vezes seja constrangedor e dê a impressão de egoísmo ou auto-indulgência. A experiência me ensinou que muita gente luta contra a idéia de dar prioridade às suas necessidades e ao seu cuidado pessoal por medo de que essa atitude possa parecer egoísta ou inconveniente. Mas, para você poder conviver com os outros de uma forma saudável, precisa primeiro tratar de você mesmo.

A forma específica do cuidado pessoal total será sempre uma coisa estritamente individual. Alguns exemplos poderiam ser:

1. Dar permissão a você mesmo para mudar de idéia a respeito de um compromisso que assumiu, ainda que essa mudança possa decepcionar outra pessoa.
2. Pedir àquele amigo ou parente que pare de se queixar em vez de agüentar suas lamúrias só por simpatia ou educação.
3. Não abrir mão de uma refeição gostosa e saudável na hora do almoço, o que significa dar um fim ao mau hábito de só comer

um salgadinho ou um sanduíche para não perder tempo.
4. Pedir ajuda na hora em que você precisa dela em vez de empurrar os problemas com a barriga.
5. Ter uma babá para ficar com as crianças duas vezes por semana em vez de uma vez por mês.
6. Permitir-se gastar um pouco mais do que acha que deveria para poder ter a cama, o carro, a casa e outras coisas do jeito que você quer.
7. Fazer massagem uma vez por semana em vez de deixar sempre para o mês seguinte.

Eu sempre me emociono e me estimulo com as pessoas que adotam imediatamente a idéia do cuidado pessoal total. Essas pessoas não só estão sedentas e abertas para a idéia de que uma vida de qualidade começa com um você de qualidade como estão também comprometidas em fazer alguma coisa a respeito! Quanto mais eu faço este trabalho, mais eu agradeço ao meu primeiro orientador, Thomas Leonard, por ter me ensinado o conceito de cuidar de mim mesma muito melhor do que eu achava que merecia. Estou convencida de que o cuidado pessoal total é uma poderosa terapia, indispensável na vida agitada de hoje em dia.

Em minhas muitas viagens para dar palestras, os ouvintes (e leitores) me perguntam se eu consigo cuidar de mim mesma com uma programação tão intensa. A resposta honesta é: em geral, sim. Aprender a praticar o cuidado pessoal total em um plano sempre novo à medida que meu trabalho atinge mais e mais pessoas é uma idéia que me desafia. Eu penso na minha vida como parte da minha própria pesquisa.

Para apoiar meus esforços, eu tenho o perfeito kit de primeiros-socorros: um treinador pessoal terrível que me ajuda a manter minha lista do "sim absoluto", com minhas prioridades máximas, perfeitamente ajustada, grandes amigos que continuam a apoiar meu crescimento e um marido maravilhoso que tem minha permissão para entrar a qualquer momento carregando a bandeira "cuidado pessoal".

Mas nem sempre é fácil. Há momentos em que me sinto esmagada. Dias em que fico com medo de ocupar o lugar que eu mesma criei. E situações freqüentes em que anseio por uma casinha tranqüila com um jardim florido e um cachorro. Mas uma das coisas que me mantêm no prumo e me permitem fazer o que gosto é reconhecer meus "primeiros sinais de alerta" – os comportamentos que indicam problemas. Vou lhes dar alguns exemplos do que estou dizendo.

Eu sei que estou a ponto de ter problemas quando:

1. Dirijo sem o cinto de segurança.
2. Me sinto cansada demais para usar o fio dental.
3. Tenho menos de oito horas de sono por noite.
4. Não paro de trabalhar nem para beber água.
5. Estou ocupada demais para fazer exercícios.
6. Tenho dificuldade de me concentrar durante o dia.
7. Deixo de regar as flores da minha janela.
8. Vou para a cama sem lavar o rosto.
9. Esqueço coisas simples como o número do telefone de casa.
10. Saio do escritório deixando a mesa toda bagunçada.

Ah, e

11. Começo a amaldiçoar objetos inanimados.

São esses os sinais que me fazem voltar ao cuidado pessoal total. Não é que a minha vida não seja uma loucura – ela é. Mas a quantidade de tempo que eu levo para retornar ao modo cuidado pessoal total é cada vez menor. Quando começo a me sentir um pouquinho estressada, eu:

1. **Peço ajuda.** Quer eu precise de conselho ou de informação, de apoio emocional ou de alguém que me faça um favor, eu pego o telefone e faço uma ligação. Para o meu orientador, para um amigo ou um parente. Delego mais trabalho para a minha assistente ou simplesmente falo sobre o problema com o meu marido. A questão é lembrar de pedir ajuda.
2. **Reavalio as minhas prioridades.** Reexamino minha lista do "sim absoluto" e procuro saber onde eu posso estar gastando energia com coisas que não são importantes.
3. **Identifico aquilo que é preciso deixar de lado para manter o foco no que é importante.** E deixo mesmo.

É uma fórmula simples e que funciona. Além dessas providências, há muitas outras coisas que você pode fazer para criar o seu próprio kit de primeiros-socorros em cuidado pessoal total. Elas incluem:

1. A sua lista do "sim absoluto".
2. Os números de telefone de dois ou três amigos que podem lhe dar apoio.
3. Um aviso dizendo "Pare e respire" ou "Esta fase é temporária".
4. Uma par de tênis para lembrá-lo de se exercitar e, assim, se distanciar do problema.
5. Um travesseiro especial para quando uma soneca for bem-vinda.
6. Um livro inspirador.

O ser humano tem um instinto de sobrevivência, não de cuidado máximo com seu bem-estar. Por isso é importante você estar sempre vigilante para garantir a sua qualidade de vida. Conhecer os *seus* sinais de alerta é fundamental para saber o que será necessário acrescentar ao seu kit de primeiros-socorros de cuidado pessoal total.

O DESAFIO DE AGIR

Esta semana observe quando começar a ficar sensível, irritável, frustrado ou estressado. O que provoca essa reação? O que é que você começa a esquecer quando está nesse estado de agitação? Ao perceber esses indícios, anote-os e crie a sua própria lista de sinais de alerta.

Pegue o seu diário e escreva todas as alternativas que vierem à sua cabeça para completar a frase:

Eu sei que vou ter problemas quando...

1. ____
2. ____
3. ____
4. ____
5. ____
6. ____
7. ____
8. ____
9. ____
10. ____

Use esses sinais para lembrar-se de redirecionar a sua atenção para as suas prioridades. Depois de identificar os seus primeiros sinais de alerta, liste as três coisas que você vai colocar em prática para ajudar o seu cuidado pessoal total.

1. ____________________

2. ____________________

3. ____________________

21ª SEMANA

APRENDA A ESPERAR

Eu espero que você ouça o que eu vou lhe falar agora. Que me escute atentamente. Esperar não é ficar sem fazer nada, é fazer a coisa mais importante que existe. É deixar a sua alma crescer. Se você não for capaz de ficar quieto esperando, não poderá se tornar o que Deus o criou para ser.

SUE MONK KIDD, *WHEN THE HEART WAITS*

VOCÊ JÁ SENTIU FRUSTRAÇÃO e desânimo à espera de alguma coisa que desejava muito? O seu relacionamento vingar? O seu negócio decolar? Ter um filho? Talvez você tivesse que esperar por não saber ao certo o que viria depois, como se a sua vida tivesse sido vítima de um botão PARE gigante.

Eu nunca fui muito fã de esperar. Como muitas outras pessoas, costumo querer as coisas para ontem. E, no entanto, quando olho para trás, os períodos que eu passei esperando foram algumas das épocas mais importantes e criativas da minha vida. Os períodos de espera geralmente assinalavam momentos de crescimento espiritual que conduziam a alguma coisa melhor. E era nessas épocas de transição que eu me voltava mais profundamente para dentro de mim e me ligava a uma força interior que nem sabia que existia.

Embora esperar possa dar uma sensação de agonia, talvez seja exatamente isso o que você precisa *fazer* para se preparar para a próxima etapa da *sua* vida. Pense nisso como um tempo para você se conectar com a sua sabedoria interior num plano mais elevado, uma oportunidade para se conhecer melhor. Nesse período de espera você terá mais tempo para escrever em seu diário, para investir em sua saúde física e mental. Faça o que for necessário para aceitar o mal-estar, na certeza de que, usando esse tempo com sabedoria, estará fortalecendo a sua energia pessoal, essa energia que nada nem ninguém além de você pode lhe dar.

E lembre-se, embora esperar seja uma viagem pessoal, você não tem nenhuma obrigação de esperar sozinho. Compartilhe os seus temores, preocupações e frustrações com pessoas em quem você confia, pessoas queridas que possam ajudar durante este período de espera. Desse modo você colherá um benefício adicional da espera – uma ligação mais profunda com aqueles que você ama.

O DESAFIO DE AGIR

Aceite o período de espera. Se algum aspecto da sua vida parece estar em suspenso, decida conviver conscientemente com isso esta semana. Não tente mudar as coisas, nem apressar ou controlar as circunstâncias. Em vez disso, sente-se calmamente e abra-se para as mensagens que vêm de dentro. Use esse tempo para relaxar e descansar. Quando chegar a hora e você estiver pronto para seguir em frente, ficará feliz de tê-lo feito.

Espere só...

22ª SEMANA

AMIGOS, FATOS E FÉ

Eu passei a vida inteira apavorada e isso jamais me impediu de fazer qualquer coisa que tinha vontade de fazer.

GEORGIA O'KEEFE

DENTRE AS COISAS QUE VOCÊ sabe que precisa fazer para melhorar a sua qualidade de vida, qual é a que lhe dá mais medo? Para muitos de nós, o medo é um companheiro permanente na jornada da mudança pessoal. Medo do desconhecido. Medo da ação ou da reação dos outros. Medo da dor e da humilhação. Medo da perda. Qualquer pessoa que queira criar uma vida de qualidade vai ter de enfrentar seus medos regularmente – isso faz parte da experiência humana. Mas o que você fizer com o seu medo guiará o curso da sua vida. Se deixar o medo paralisá-lo, vai continuar querendo e esperando uma vida melhor.

O medo pode ser um chamado para a ação, uma grande força de transformação. Pode ser também um sinal de alerta para o perigo. Mas eu falo daquele medo que surge quando você está prestes a fazer alguma coisa que sabe que é importante para o seu crescimento ou para a concretização de seus objetivos. Quanto melhor você lidar com seus medos, mais formidável será a sua vida.

Em meu trabalho como treinadora pessoal – e também como uma mulher que adora desafios – aprendi muito a respeito de como lidar com o medo. Descobri que, com três coisas à mão, posso superar quase tudo:

1. **Amigos.** Muitos de nós tentam fazer coisas assustadoras sozinhos. Até onde me diz respeito, este é o velho modelo do "Eu não preciso de ninguém", que não funciona mais (não que tenha funcionado grande coisa algum dia). Enfrentar grandes desafios por conta própria só faz aumentar a probabilidade da pessoa se paralisar ou recuar. No momento em que você notar que está sentindo medo, pare, pense em alguém que possa lhe dar apoio e peça ajuda.
2. **Fatos.** Às vezes, quando estamos com medo de seguir em frente é porque sentimos falta de alguma coisa: pode ser de informação, da opinião de alguém ou das palavras certas para comunicar o que estamos sentindo. Vamos imaginar que você está se preparando para abrir um negócio, mas tem medo de vender seus produtos ou serviços. Quando se pergunta o que é que está faltando, descobre que não consegue agir porque seu medo de rejeição é muito maior do que sua vontade de progredir.

   Para obter informações sobre como lidar com a rejeição, você pode ler sobre o assunto, conversar com um psicólogo ou participar de um seminário sobre vendas, onde poderá descobrir como outros profissionais desta área vêem essa questão. De posse dessas informações, perceberá que o seu medo começa a diminuir. Mas não necessariamente irá embora de todo, e é por isso que você vai precisar do passo seguinte...
3. **Fé.** Tendo obtido o apoio de que precisava e descoberto o que estava faltando, o terceiro passo é contar com a proteção do Todo-Poderoso. Isso mesmo, é como chegar à borda de um trampolim de três metros, tapar o nariz e saltar na água gelada. Agir apesar do medo ajuda a desenvolver a sua fé no Divino e em você mesmo. Essa é a chave. Acreditar que você é capaz de lidar com qualquer coisa que aconteça é muito mais importante do que saber de antemão se vai se dar bem ou não. Nossa fé só se desenvolve quando agimos *sem saber* no que vai dar. Portanto,

daqui em diante, quando precisar enfrentar um desafio e começar a hesitar – procure um amigo, corra atrás dos fatos e tenha fé!

O DESAFIO DE AGIR

Esta semana faça uma lista das coisas de que você anda fugindo por causa do medo e escolha uma delas. Siga os passos acima e comprometa-se a buscar a ajuda de que precisa para poder agir.

Lembre-se: pequenos passos para vencer o medo podem fazer uma enorme diferença. Por exemplo, se você precisa dar uma palestra e tem pânico de falar em público (um dos medos mais comuns que existem), pode se preparar dando uma palestra numa igreja ou lendo um bom livro com técnicas de oratória.

O que estou com medo de fazer é:

____

Os amigos que podem me ajudar são:

____

Os fatos que eu preciso pesquisar são:

____

A medida que vou tomar esta semana é:

____

23ª SEMANA

DÊ ASAS AOS SEUS DESEJOS

Um desejo nunca lhe é concedido sem que o poder de torná-lo realidade o seja também.

RICHARD BACH

O TEMA DESTA SEMANA É INSPIRADO na resposta que eu recebi da minha comunidade on-line sobre a idéia de um retiro de quatro dias. Durante meses alimentei secretamente o desejo de compartilhar meu trabalho, num lugar retirado, com um grupo de pessoas interessadas em sair um pouco da correria do dia-a-dia para preparar conscientemente o próximo ano de suas vidas. Fazer isso num belo cenário natural, tomando massagens e me alimentando bem me pareceu ser um ato de cuidado pessoal total, aquela coisa boa demais para ser verdade.

Mas, como era um desejo importante para mim, eu o guardei comigo. Só falei sobre ele com alguns amigos e, apesar de ter mentalmente planejado o programa, nunca cheguei a tomar nenhuma medida concreta. Verdade seja dita, eu não queria me decepcionar no caso de o projeto não vingar. Mas tudo mudou quando uma grande amiga me desafiou a levar essa idéia adiante "só por diversão", para ver o que aconteceria. Agradeço a Deus pelos bons amigos. Imaginem a minha surpresa quando a minha caixa de e-mails se encheu de repente de leitores que diziam: "Claro, quero saber mais!" Que lição importante!

Quantas vezes você não guardou os seus mais recônditos desejos – você sabe, aquelas coisas que fantasia sem ninguém saber, aquele desejo que parece bom demais para ser verdade? Há algo que anseie fazer, ser, ou dar, mas que deixa cozinhando em fogo baixo no queimador de trás? Talvez você queira fazer teatro, começar um novo negócio, voltar para a faculdade, aprender a dançar, morar no exterior ou escrever um livro. Por que *você* não transforma o seu sonho em realidade? Qual é o impedimento?

Às vezes as coisas que mais queremos parecem ser as mais arriscadas – há o risco da rejeição, da decepção, do fracasso. Mas, se você fica se amarrando e nunca deixa o seu desejo vir à tona, coloca em risco uma coisa ainda mais importante: a oportunidade de viver a alegria de expressar os dons e talentos que são só seus. E pior, fugindo do risco, a sua voz interior vai ficar martelando para sempre na sua mente aquele "ah, se eu". Que desperdício!

Quando o medo vier (e ele provavelmente virá), lembre-se de que nunca ninguém morreu de decepção, de rejeição ou de fracasso – as pessoas ficam é mais espertas a respeito de como se dar bem. Corra atrás!

O DESAFIO DE AGIR

Esta semana faça alguma coisa para dar asas ao seu desejo secreto. Compartilhe-o com uma pessoa amiga e peça a ajuda dela (deixe bem claro que só as experiências *positivas* lhe interessam). Faça alguma coisa para pôr em prática esse sonho. Matricule-se num curso, procure um orientador ou tente alguma coisa para torná-lo realidade. Você terá uma surpresa agradável ao ver como as coisas parecem se encaixar quando dá asas aos seus desejos.

O meu desejo secreto é:

___

Para trazê-lo à luz do dia eu vou:

____

Um passo concreto que eu posso dar é:

____

24ª SEMANA

CONTATOS IMEDIATOS

Não tenho nenhuma paciência para as futilidades da vida.

NANNA AIDA SVENDSEN

CERTA VEZ EU TIVE A FELICIDADE de dar um curso numa bonita propriedade situada às margens do canal de Long Island. Um dos seminários que dirigi, chamado "Como construir uma comunidade espiritual", me deixou profundamente tocada pela autenticidade do grupo ali reunido. Ao falar de seu desejo de sociabilidade, todos os participantes demonstraram uma profunda ânsia de se ligar de um modo sincero e pleno a pessoas com idéias afins.

Parece que muitas pessoas se sentem sós e isoladas nesta nossa agitada era eletrônica. A necessidade de vínculos é compartilhada por muita gente. Todos os clientes com quem trabalhei e quase todos os membros das audiências para quem falei expressaram o desejo de ter mais relacionamentos "de qualidade" em suas vidas. Faz sentido que este desejo seja tão forte. Nas últimas décadas, a tecnologia e os horários caóticos produziram abismos em nossos relacionamentos. Sim, eu sei que a gente vive escutando que o e-mail e a Internet estão nos aproximando, mas eu não ouço ninguém dizer "Eu gostaria de receber mais e-mails das pessoas de quem gosto". O que ouço é gente dizendo que gostaria de passar mais tempo com os seus entes queridos. Elas querem mais intimidade e mais oportunidades de compartilhar o seu mundo interior.

Preencher essa nossa necessidade de nos ligarmos mais profundamente aos outros pode ser um grande desafio. Onde encontrar essas almas afins? Como tornar mais profundo um relacionamento existente? Como superar o medo normal da rejeição e da perda?

A melhor maneira de começar é lembrando que todo encontro com outro ser humano é um encontro espiritual, quer conheçamos ou não essa pessoa. Atentando para essa verdade, é mais fácil abrirmos instintivamente os nossos braços e os nossos corações, fazer contato visual por mais tempo, sorrir para pessoas estranhas e dizer olá, fazer perguntas mais profundas às pessoas de quem gostamos e levar a conversa para um plano mais íntimo. Quando nossos corações estão abertos, somos pessoas mais fáceis de abordar.

Se você quer ter relacionamentos mais intensos em sua vida, fortaleça a sua capacidade de se ligar. Esteja presente para os outros. Desacelere e crie o tempo necessário para estar junto. Pare o que está fazendo quando um amigo telefonar e dê atenção a ele. Crie tempo em sua agenda para passar horas agradáveis com a sua família. Quando estiver com seus parentes e amigos, conduza a conversa para um plano mais profundo. Pergunte-lhes diretamente sobre seus sonhos e aspirações secretas. Isso certamente vai ajudar a passar da conversa mole superficial para uma ligação mais verdadeira.

O DESAFIO DE AGIR

Esta semana saia da sua área de segurança e arrisque uma ligação mais profunda. Se lhe agrada a idéia de levar um relacionamento existente a um novo plano, diga-o diretamente à pessoa em questão. Se há alguém que você gostaria de conhecer melhor, pegue o telefone e convide essa pessoa para jantar. Se você deseja fazer novos relacionamentos, deixe pelo menos três conhecidos (uma vizinha, um colega de trabalho, os pais de algum amiguinho de seu filho) saberem disso. Lembre-se: a maioria das pessoas compartilha esse mesmo desejo, portanto, se você abre os seus braços, é muito provável que alguém lhe abra os seus também.

A pessoa(s) com quem eu gostaria de me relacionar mais profundamente é (são):

Duas pessoas que eu gostaria de conhecer melhor são:

A medida que eu vou tomar esta semana é:

25ª SEMANA

VOCÊ É UM PIONEIRO ESPIRITUAL?

Há pessoas que fazem as coisas acontecerem, outras que assistem aos acontecimentos e outras que só ficam pensando no que aconteceu.

ANÔNIMO

SEMANA PASSADA EU TIVE o prazer de passar cinco dias na companhia de pessoas especiais na belíssima região de Boulder, Colorado, onde fui fazer uma gravação para uma empresa chamada Sounds True. Nessa ocasião, tive a oportunidade de ver em ação algumas dessas pessoas que eu chamo de "pioneiros espirituais".

O primeiro contato aconteceu logo que eu cheguei à Coburn House – uma magnífica pousada de doze quartos cujos proprietários, Sheila e Richard Norris, além de tratar os seus hóspedes com um respeito e um carinho extraordinários, conseguiram criar um desses ambientes que aquecem a alma da gente. Os avisos que pedem ao visitante que tire os sapatos ao entrar na casa e que sugerem usar as toalhas mais de uma vez para proteger o meio ambiente mostram que Sheila e Richard estão dispostos a se afastar das práticas convencionais para construir um negócio que respeite os seus valores pessoais.

O contato seguinte foi com Tami Simon, presidente da Sounds True, e sua equipe, com quem tive a chance de passar algum tempo durante a minha visita. A Sounds True é uma empresa de áudio devotada à distribuição de sabedoria espiritual pelo mundo afora.

Como Richard e Sheila, Tami e os membros de sua organização se empenham em criar um ambiente de respeito ao cliente e à coletividade. Na Sounds True o relacionamento é mais importante do que o resultado financeiro, o que faz do ambiente de trabalho um lugar seguro para as pessoas partilharem sua vida interior e desenvolverem seu espírito criativo. Ambas as organizações são ótimos exemplos de como uma empresa pode prosperar atendo-se aos princípios espirituais básicos do amor, da verdade e do respeito pelas pessoas.

Nem todos os pioneiros são pioneiros espirituais. Tem gente que se dedica a abrir novos caminhos à custa de seus valores pessoais, do meio ambiente e das outras pessoas. Mas essa relação está mudando. Um número cada vez maior de empresários é hoje capaz de perceber que o *modo* de fazer negócios é tão importante quanto o lucro que eles geram. E se há uma coisa que o sucesso da Coburn House e da Sounds True deixa claro é que é possível fazer bons negócios com respeito e integridade, pois ambas estão tendo bastante sucesso com sua política de atrair clientes que compartilham os seus valores.

Todos podemos ser, de alguma forma, pioneiros espirituais. Ao colocarmos o relacionamento à frente do resultado financeiro, ao vivermos com integridade e nos preocuparmos com o impacto das nossas ações sobre a coletividade, estamos acrescentando valor espiritual ao mundo. Não é fácil ser um pioneiro espiritual. Você precisa estar disposto a se manter firme na defesa daquilo em que acredita, mesmo que os outros digam que você está maluco, e a recusar trabalhos ou clientes que estejam na contramão dos seus valores. Mas é justamente essa vontade de fazer as coisas de um modo alternativo que o distingue do resto.

Para tornar-se um pioneiro espiritual, você precisará de coragem e de força de caráter para se afastar do caminho convencional e agüentar o ridículo, as críticas e o medo, além da insegurança e do autoquestionamento que inevitavelmente ocorrerão. Terá de estar mais interessado em respeitar a sua integridade e promover o bem comum do que em ser aceito pelos outros. E terá de estar disposto a dizer a verdade a si mesmo e aos demais, pondo de lado o seu ego em benefício do objetivo maior de se tornar um autêntico líder – aquele que tem como máxima prioridade o seu próprio crescimento e que, no final das contas, é quem dá o exemplo.

Eu não sei no seu caso, mas, quanto mais eu elevo os padrões de exigência em minha própria vida, mais me interesso em apoiar negócios dirigidos por pioneiros espirituais.

O DESAFIO DE AGIR

Seja um pouco pioneiro espiritual em sua vida, fazendo esta semana uma das seguintes coisas:

1. Afirme sua posição em defesa de alguma coisa em que você acredita, mesmo que as pessoas ao seu redor digam que é uma loucura.
2. Arrisque-se a dizer a verdade mesmo tendo medo de fazê-lo.
3. Respeite o seu eu descartando clientes ou fregueses que não se ajustam aos seus valores.

26ª SEMANA

VAI FUNDO!

A vida é curta, aproveite-a.

KRUCHEV

EM UM PASSEIO QUE FIZ há alguns fins de semana, eu me dei conta de como o mundo parece diferente visto do selim de uma bicicleta. Ao contrário do silêncio e da velocidade que experimentamos dentro de um automóvel, passar uma tarde andando de bicicleta é regalar-se com um banquete para os sentidos. Além de desfrutar calmamente a paisagem e ouvir o canto dos pássaros, eu pude também deleitar-me com o cheiro sensual das flores e dos churrascos nos quintais!

Pedalando pela vizinhança eu ria comigo mesma só de lembrar que durante mais de um ano fiquei pensando se comprava ou não uma bicicleta. A verdade é que essa minha indecisão provinha da inibição e do medo do desconhecido. E se eu comprasse a bicicleta errada? E se eu me arrependesse? Será que eu saberia andar nesses modelos de dezoito marchas? Será que eu tinha vigor físico para conseguir chegar a algum lugar? O medo de não saber mais, de me sentir tola ou de parecer frívola me impedia de desfrutar aquilo que veio a se tornar um dos meus passatempos preferidos.

Olhando para trás, parece uma bobagem eu me sentir insegura por causa de uma decisão tão simples como comprar uma bicicleta. Mas esse exemplo simboliza bastante bem os medos e as inseguranças que nos impedem muitas vezes de aproveitar os prazeres da vida. Muitas vezes evitamos coisas que gostaríamos de experimentar por medo de nos sentirmos idiotas ou simplesmente de errar.

Quantas vezes *você* já se recusou a experimentar alguma coisa nova? E se pudesse acordar de manhã e tomar uma pílula que eliminasse completamente a sua timidez ou autocrítica? Um golinho só e o medo do julgamento dos outros, de passar por algum constrangimento ou de fazer alguma tolice desapareceria como por encanto. Que riscos você correria? Que coisas novas gostaria de experimentar? Que diversões você se permitiria desfrutar?

O nosso tempo neste planeta é precioso. Por que gastar tanta energia se reprimindo? Abaixe a guarda, deixe pra lá os seus receios e viva a vida. Se você atacar de frente a timidez, irá se surpreender com a rapidez com que ela pode ser superada. Pode crer, no meu primeiro passeio de bicicleta usando meu capacete *fashion*, eu superei rapidinho o medo de parecer uma boba.

O DESAFIO DE AGIR

O que foi que você teve vontade de fazer, mas não fez por causa da sua autocrítica? Se não sabe, observe durante esta semana se está bloqueando algum desejo por vergonha ou timidez. Se tem vontade de sorrir para uma pessoa estranha, de convidar alguém para sair com você, de aprender a patinar ou de comprar alguma coisa, desafie-se a reconhecer seus limites e ir à luta mesmo assim!

O que eu gostaria de experimentar é:

____

A ação que eu vou realizar esta semana para fazer isso acontecer é:

____

27ª SEMANA

NA SOMBRA

Quem tem vontade de voar não pode se permitir rastejar.

HELEN KELLER

UM DOS DESEJOS MAIS COMUNS de todo ser humano é conhecer e expressar o seu propósito na vida – o dom ou contribuição pessoal que viemos dar ao mundo. Em minhas palestras, as pessoas muitas vezes pedem explicações sobre como podemos nos conscientizar de nossos propósitos. Minha resposta costuma ser a seguinte: melhore a vida que você já tem e a sua contribuição pessoal se revelará por si mesma.

Em outras palavras: limpe o seu ambiente, criando ordem e se livrando de tudo o que não precisa mais; avalie os seus relacionamentos para aprofundar seus laços com as pessoas que você ama e encerrar os vínculos que roubam a sua energia; coloque as suas finanças em ordem de maneira a construir reservas; e comece a dizer "não" a tudo o que se contraponha ao seu bem-estar físico, emocional e espiritual. Esses são passos importantes para eliminar os obstáculos que impedem você de saber o que veio fazer aqui.

Além de se envolver em atividades que melhorem a sua qualidade de vida, você pode fazer uma outra coisa para descobrir a sua contribuição pessoal: observe se está à sombra de alguém que faz o que você gostaria de fazer. Vou explicar o que quero dizer com isso.

Quando eu tinha meus vinte e poucos anos, fui voluntária em uma organização sem fins lucrativos chamada Interface Foundation. A Interface era um centro de educação holística que organizava palestras de escritores como Deepak Chopra, Marianne Williamson e Carolyn Miss. Em meu trabalho como voluntária, depois como funcionária e mais tarde como membro do conselho diretor, contribuí muitas vezes fazendo programação, coordenação de eventos e até tarefas logísticas como pegar os palestrantes no aeroporto. Olhando para trás, vejo que, sem perceber, eu me colocava na sombra das pessoas que admirava ou que estavam fazendo o que a minha alma ansiava por fazer. Eu aprendi muito sobre o que fazer e o que não fazer ficando na sombra. Aprendi a ser o que sou hoje.

A alma é sábia. Ela colocará você muitas vezes em contato com pessoas ou situações representativas do seu propósito de vida. *Talvez você esteja trabalhando para uma pessoa que faz o que você gostaria de fazer.* Talvez você represente o trabalho criativo de pessoas que se expressam da forma como gostaria de se expressar. Quem sabe você tem amigos num ramo de atividade onde gostaria de estar? Se pensar nos amigos, nos negócios, nas organizações e nos empregos que já teve, poderá ter várias pistas a respeito do que a sua alma deseja.

Não há nada de errado em estar na sombra de alguém. Pode ser uma ótima forma de aprender. Mas, atenção, se você ficar muito tempo na sombra de uma pessoa alta demais, pode acabar achando que nunca chegará aos pés dela. Nesse caso terá de sair da sombra para assumir o seu lugar no mundo.

Por isso eu lhe pergunto, e peço que observe, se por acaso não está se escondendo na sombra de alguém. Será que não está na hora de *você* sair à luz?

O DESAFIO DE AGIR

Esta semana aproveite um momento de tranqüilidade e use seu diário para repassar a sua vida – tanto seu passado quanto o presente – à procura das pistas que a sua alma teria deixado em sua vida. Preste atenção às pessoas de quem se aproximou. Quais você admira? Que espécie de trabalho tem atraído você? Para identificar as experiências que gostaria de explorar, pense nas pessoas que ajudou no passado ou nos clientes com quem já trabalhou.

Eu tenho estado na sombra de:

___

As pessoas que eu mais admiro são:

___

Eu as admiro porque:

___

Eu tenho atração pelos seguintes trabalhos:

___

A medida que eu vou tomar para sair da sombra é:

___

28ª SEMANA

COMO VAI A SUA COLUNA VERTEBRAL?

Trabalhe com alegria e paz sabendo que bons pensamentos e bons esforços inevitavelmente trarão bons resultados.

JAMES ALLEN

QUAL É A CHAVE PARA SE VIVER uma vida autêntica, que respeite as suas prioridades? A integridade. A integridade é a base sobre a qual construímos o que temos de melhor em nossa vida. É o nosso sustentáculo espiritual, a coluna vertebral do nosso caráter. Quando ela é reta e forte, a vida flui mais facilmente. Ficamos em contato com nossa sabedoria interior e nos tornamos um poderoso veículo de inspiração divina. Se ficarmos atentos, receberemos mensagens claras sobre o que fazer em seguida.

Viver com integridade significa respeitar os princípios (as regras internas de comportamento) que estabelecemos para nós mesmos. Por exemplo, se um de seus princípios é: "Eu sempre falo a verdade", você terá de ser sincero, em vez de inventar uma desculpa, se não estiver com vontade de ir jantar na casa de seu melhor amigo. Se tem como princípio: "Jamais ficar com nada que não seja meu", terá obrigação de devolver o troco a mais que a caixa do supermercado lhe deu por engano.

Viver com integridade nos proporciona um forte sustentáculo espiritual. Quando deixamos de respeitar os nossos princípios e infringimos as regras que estabelecemos para nós mesmos, a coluna vertebral do nosso espírito se verga, se dobra. E, quando isso acontece, temos dificuldade de usar a nossa intuição, e a vida começa a entrar em crise. Nossos planos fracassam e começamos a atrair pessoas que não nos fazem bem. Essas coisas podem ser sinais de um possível desvio em nossa "coluna espiritual" – a nossa integridade.

Todo indivíduo tem princípios de vida que lhe são próprios e exclusivos. Não existem princípios melhores nem piores. O importante é você conhecer os *seus* princípios e respeitá-los para poder receber mais fluidos divinos em sua vida.

Para viver com integridade é preciso estarmos atentos às situações em que deixamos de respeitar nossos princípios e, imediatamente, fazer algo a respeito. Por exemplo: se você trabalha para uma empresa que de repente lhe pede que trabalhe à noite e nos fins de semana e você tem como princípio jantar sempre com a sua família, vai ter de propor ao seu patrão um outro arranjo ou mudar de emprego. Quando começa a alinhar as suas ações com as regras que estabeleceu para você mesmo, é como se estivesse fazendo um "ajuste espiritual" para eliminar as dobras e curvas que o impedem de ter acesso à sabedoria divina.

Vejamos alguns exemplos de como viver com integridade.

1. Se tomou a decisão de só trabalhar com clientes que fazem você feliz, vai ter de recusar os que causam aborrecimentos mesmo que queiram pagar o dobro do preço.
2. Se decidiu não se envolver em fofocas, terá de pedir ao vizinho para mudar de assunto quando ele começar a falar mal dos outros.
3. Se preza acima de tudo a honestidade em seus relacionamentos, terá de enfrentar as dificuldades em vez de fugir da questão.
4. Se, como líder, você decidiu assumir a responsabilidade por tudo o que os seus colaboradores fazem no trabalho, terá de se adiantar para resolver qualquer problema imediatamente, em vez de pôr a culpa nos outros.

A chave para se criar uma vida autêntica é ter certeza de estar vivendo com integridade. Portanto, comece a se aprumar agora mesmo!

O DESAFIO DE AGIR

Para saber até que ponto você está vivendo com integridade, responda as seguintes perguntas:

1. Que regras internas eu estabeleci para mim?

____

2. Até que ponto estou respeitando esses princípios em minha vida cotidiana?

____

3. Em que situações eu deixei de respeitar esses princípios?

____

Quando tiver as respostas, faça algo a respeito. Para não se esquecer, escreva agora em seu diário as três situações que precisa corrigir com mais urgência:

1. ____

2. ____

3. ____

29ª SEMANA

DUAS CABEÇAS PENSAM MELHOR DO QUE UMA

Uma parceria é uma mescla consciente de talentos e energias, a doação de tudo o que cada parceiro tem para oferecer visando alcançar o objetivo comum e o benefício recíproco dos envolvidos. As parcerias são o futuro de todos os esforços sérios.

STACY BRICE

NÃO FAZ MUITO TEMPO EU TIVE o prazer de participar da minha primeira corrida de rua ao lado de minha irmã Lisa. Nosso objetivo era terminar sem andar. Quando começamos o percurso, no sábado de manhã, descobrimos que metade do caminho era de subidas íngremes. Ao olhar para o alto do primeiro morro, logo acima da linha de largada, começamos a ficar nervosas. Por alguma razão, nós duas havíamos suposto que seria uma corrida fácil, em terreno plano (essa história de supor você já sabe como é, não sabe?).

Esse episódio sempre me faz lembrar o poder da parceria. Houve muitos momentos em que eu tive vontade de parar e andar, mas a presença e o incentivo de Lisa me mantiveram firme. Éramos um time. Com ela ao meu lado era impossível me render à voz dentro da minha cabeça que dizia que eu não ia conseguir. A nossa energia combinada era muito maior que a soma de nossas energias individuais. Em alguns momentos eu me senti realmente empurrada à frente pelo estímulo de Lisa.

A parceria é um remédio poderoso em qualquer situação. É muito mais fácil passar pela montanha-russa de um divórcio ou de uma doença grave na família quando se conta com o apoio e o conforto de alguém. A conquista de um objetivo importante, como terminar um curso ou planejar seu casamento, se torna bem menos massacrante com um parceiro para dividir o trabalho, ou, pelo menos, as preocupações. Ter um amigo ao lado é bom até para tornar mais suportáveis certas tarefas desagradáveis como mudar de apartamento, por exemplo.

Nós muitas vezes nos recusamos a pedir ajuda. Somos condicionados a fazer tudo sozinhos por medo de parecer fracos ou carentes. Mas a parceria pode ter um efeito incrível na vida das pessoas.

Eu nunca vou esquecer o momento em que, absolutamente necessitada de ajuda, decidi contratar minha primeira assistente, Stacy Brice. O que, no início, seria um mero apoio administrativo logo se transformou em uma parceria importante, que acabou impulsionando a minha carreira. Uma semana depois eu me perguntava por que havia demorado tanto para pedir ajuda. No final do primeiro ano, meus negócios superaram as minhas expectativas. E a parceria com Stacy não mudou apenas a minha vida, mas a dela também.

Quando contratei Stacy, estabelecemos uma parceria virtual, que funcionava da seguinte maneira: ela trabalhava em casa, usando seu telefone e seu computador, e cobrava apenas o tempo que gastava com o serviço. Com base nesse sistema, Stacy iniciou um novo ramo de atividade chamado "assistentes virtuais". Criou também uma universidade virtual chamada "Assist U", que dá treinamento a "assistentes virtuais" interessados em fazer parcerias com empresários. É isso que a parceria faz – cria uma coisa nova muito maior do que as duas partes envolvidas.

O ser humano não nasceu para viver isolado. Compartilhar nossas habilidades através de parcerias aprofunda os vínculos com as outras pessoas e nos dá coragem e força para vencer nossas limitações. E o melhor de tudo é poder comemorar juntos o sucesso. Essa foi para mim a melhor parte da corrida com minha irmã. Devíamos parecer umas bobas, Lisa e eu, gritando como duas crianças ao nos aproximarmos da linha de chegada. Mas nós estávamos, decididamente, nos divertindo!

O DESAFIO DE AGIR

Esta semana escolha um objetivo ou projeto e arranje um parceiro. Peça, por exemplo, a um colega de trabalho que faça caminhadas com você na hora do almoço: é um modo de vocês se ajudarem mutuamente a manter a forma. Ou você e seu amigo ou amiga podem escolher um projeto cada e desafiarem-se a terminá-lo até o final da semana.

Quem sabe está na hora de você contratar um assistente ou auxiliar? Pense se você não precisa de ajuda, seja para coisas simples, como trocar idéias antes e depois de um telefonema difícil, seja para tarefas mais complicadas, como administrar a sua vida financeira, fazer seu imposto de renda ou assumir parte de suas tarefas no trabalho. Dê a você mesmo (e a outra pessoa) a chance de experimentar desde já o poder da parceria!

O projeto em que eu preciso de ajuda é:

____

Meus três parceiros potenciais são:

1. ____

2. ____

3. ____

30ª SEMANA

PARE, REFLITA, RECOMPENSE

Nós nunca percebemos o que já foi feito,
só conseguimos ver o que resta por fazer.

MARIE CURIE

AO ULTRAPASSARMOS A METADE deste livro, está na hora de você *parar, refletir* sobre a transformação que está acontecendo em sua vida e *recompensar-se* por suas realizações. A gente costuma se mover rapidamente de um projeto, objetivo ou tarefa para o outro, sem parar para reconhecer o que já realizou. Todo mundo precisa de reconhecimento e de recompensa, e a melhor pessoa para preencher essa sua necessidade é você mesmo!

Recapitule, portanto, as ações que você realizou na primeira metade da nossa jornada. Passe algum tempo pensando em como responder as seguintes perguntas:

1. Que transformações (grandes ou pequenas) eu fiz na minha vida até agora?
2. Quanto eu cresci como resultado dessas mudanças?
3. Quais foram as minhas realizações?
4. Do que tenho mais orgulho?
5. De que forma consegui fazer do meu cuidado pessoal uma prioridade?
6. Como foi que a minha relação comigo mesmo melhorou?

Faça o favor de se dar o presente da auto-reflexão. Pegue o seu diário, sente-se confortavelmente no recanto que você usa para aquecer a alma, acenda uma vela e use o tempo que for necessário para responder todas as perguntas completamente.

Se fizer esse exercício com regularidade, estará fortalecendo a sua relação consigo mesmo e enviando à sua sabedoria interior uma mensagem inequívoca de que valoriza e aprecia o compromisso de melhorar a sua qualidade de vida. Portanto, esta semana comemore o seu sucesso!

O DESAFIO DE AGIR

Depois de responder, com toda a calma, as perguntas acima, você poderá se recompensar pelas mudanças que realizou em sua vida até aqui. Você pode comprar um presente, escrever uma carta de congratulações ou dar um jantar para você mesmo – o importante é que *faça algo* para agradecer e valorizar o compromisso com o seu cuidado pessoal.

As cinco mudanças mais valiosas que eu fiz nos últimos seis meses foram:

1. ____

2. ____

3. ____

4. ____

5. ____

Eu vou me recompensar da seguinte maneira:

____

31ª SEMANA

O PODER DO AMOR

O amor é uma reserva sagrada de energia:
é como o sangue da evolução espiritual.

PIERRE TEILHARD DE CHARDIN

O AMOR É A FORÇA DIVINA que une todos nós. Assim como a eletricidade, o amor é uma forma de energia que percorre todo o nosso ser. Nós compartilhamos a energia do amor de muitas formas. Quando apertamos a mão de uma pessoa ao cumprimentá-la, ou tocamos o ombro dela num abraço, transmitimos essa energia de amor que há em nós. Quando falamos gentilmente com alguém, passamos nossa energia amorosa por meio das palavras. O uso consciente dessa força, dessa energia, produz resultados poderosos e previsíveis – as pessoas percebem esse amor e se sentem revigoradas.

Há quatro anos, eu tive uma experiência que me mostrou o poder que o amor tem de resolver até as situações mais difíceis. Numa manhã quente de verão, eu e meu amigo Max estávamos de carro a caminho do supermercado quando nos envolvemos em um acidente. Eu dirigia pela estrada litorânea, quando me deparei com um rapaz saindo de carro de uma garagem, de marcha à ré. Parei para deixá-lo sair, mas para minha surpresa ele continuou vindo de ré até bater no meu carro. Como só amassou de leve o pára-choque, eu não dei muita importância até ele sair do carro e vir me dizer que *eu* havia batido nele. Aí ele voltou ao carro e começou a buzinar para chamar a atenção dos vizinhos.

Fiquei parada ao lado do meu carro, em estado de choque, ouvindo-o pedir uma ambulância por ter "machucado o pescoço". Se Max não estivesse ali como testemunha, este espantoso ato de injustiça teria me levado até a duvidar de que eu não o tivesse realmente atingido. Nos meses seguintes eu me vi às voltas com um processo judicial – estava sendo processada por causar dor e sofrimento, além de uma contusão que resultou em despesas médicas.

É aqui que entra o poder do amor. Eu estava irada. Sentia-me traída, com ganas de ferir de verdade aquele rapaz. O que eu queria mesmo era matá-lo, mas resolvi experimentar algo diferente. Eu lhe desejei amor. Pedi a Deus que desse àquele rapaz tudo o que ele queria para que não tentasse tirar vantagem de mim daquela maneira absurda. Achei que, se ele tinha chegado a esse extremo para conseguir dinheiro e atenção, era porque devia estar muito necessitado. Durante dois meses, todos os dias, eu o imaginei cercado de amor e de tudo o mais que precisava.

Preste atenção, eu não sou uma santa. Nem me passa pela cabeça a idéia de que é fácil desejar amor a quem lhe faz uma injustiça ou uma traição. Estou sugerindo, sim, que em circunstâncias que escapam ao nosso controle desejar amor pode ser um remédio poderoso. Desejando amor àquele rapaz, aconteceu algo milagroso – passei a me sentir melhor. Relaxei com a situação e consegui deixar pra lá.

A minha amiga Barbara aprendeu sobre o poder do amor com a sua sobrinha. Barbara, uma mulher solteira de seus cinqüenta e tantos anos, ofereceu-se para dividir seu pequeno apartamento de dois quartos com a irmã Carol e sua filha de cinco anos, Erica, durante um mês, enquanto elas esperavam a casa nova ficar pronta. Acostumada a morar sozinha, Barbara disse que ficou nervosa com o arranjo, embora quisesse muito ajudar a irmã.

Nas primeiras duas semanas morando juntas, minha amiga pensou que fosse enlouquecer. Dividir seu espaço com uma criança barulhenta causava-lhe tanto estresse que ela acabou pegando uma gripe. Tudo mudou na tarde em que Erica veio sentar-se ao lado dela, que estava deitada no sofá. Colocou a mão suavemente em sua testa e sussurrou-lhe no ouvido: "Não se preocupe, tia Barbara, tudo vai ficar bem. Eu vou tomar conta de você." Os olhos de Barbara se encheram de lágrimas. Ao olhar para a sobrinha, sentiu o poder do amor derretendo o seu coração.

Há alguém em sua vida precisando do seu amor? Aquele seu chefe de pavio curto, o seu vizinho de porta fofoqueiro? Quem sabe o motorista de ônibus resmungão, ou a amargurada ex-mulher do seu marido? Desejar amor às pessoas a quem você menos imaginaria fazê-lo pode ser um poderoso remédio.

Um dia depois de desejar amor ao homem que bateu no meu carro, eu recebi um telefonema da polícia dizendo que havia surgido uma testemunha misteriosa e que a ação fora retirada. Eu me lembro de ter ficado ali, de pé, um bom tempo depois de desligar o telefone. Estava atônita. Naquele momento, entendi o poder do amor. Mais forte que a raiva, que o ódio e que a vingança, o amor é uma força poderosa que alcança todas as pessoas. Essa experiência me ensinou que desejar amor é também um excelente ato de cuidado pessoal total. Depois disso, desejar amor passou a ser a minha atitude-padrão em todas as situações. Você também pode fazê-lo – comece hoje mesmo. Há alguém precisando do seu amor?

O DESAFIO DE AGIR

Todos os dias nós temos oportunidades de enviar mensagens de amor, sejam diretas como dizer "eu te amo" aos nossos familiares, ou mais sutis, como sorrir para um estranho e oferecer uma mão amiga a um colega de trabalho em dificuldades. Tire esta semana para enviar mensagens de amor.

Imagine que toda manhã você recebe uma porção de amor para

dividir com as outras pessoas ao longo do dia (uma porção *bem* grande). A sua missão esta semana é dar diariamente toda essa porção. Você pode simplesmente dizer "eu te amo" a alguém próximo (geralmente é a pessoa mais próxima que mais precisa ouvir isso de nós) ou oferecer-se para ajudar um colega de trabalho que considera irritante. Talvez morder a própria língua no meio de uma discussão, oferecer uma palavra gentil e admitir que errou. Seja qual for a situação, pare agora mesmo e escolha alguém. Em seguida, pegue o telefone e diga "eu te amo" a essa pessoa. Ou então sente-se calmamente e sinta a sua energia de amor fluir. Observe como se sente melhor à medida que vai dando o seu amor!

As pessoas que mais precisam do meu amor são:

____

A forma como eu vou dividir este amor é:

____

32ª SEMANA

VOCÊ É UM DORMINHOCO OU UMA BELA ADORMECIDA?

A saúde é a primeira musa, e o sono é a condição para criá-la.

RALPH WALDO EMERSON

UM DOS FUNDAMENTOS DO CUIDADO pessoal inteligente é ter boas noites de sono. Estudos recentes mostram que mais de quarenta por cento dos americanos dormem menos do que o necessário. Quando peço às pessoas que identifiquem formas de como poderiam praticar o cuidado pessoal total, inevitavelmente alguém fala da necessidade de dormir mais.

Uma boa noite de sono é uma das maneiras mais importantes de recuperar a nossa energia e o nosso entusiasmo pela vida. Dormir pouco nos faz sentir exaustos o dia inteiro, tirando o brilho da vida. Nosso corpo precisa de um sono reparador *todas* as noites. Quando não conseguimos dormir da maneira que precisamos, a falta de sono se acumula e começa a fazer estragos na nossa vida cotidiana. A falta de sono pode causar:

Falta de concentração durante o dia.
Cansaço e exaustão o tempo todo.
Irritabilidade e pavio curto.
Depressão ou ansiedade.
Maior propensão a resfriados, dores de cabeça e alergias.
Maior vulnerabilidade e menor confiança.

Esses sintomas são apenas algumas das formas como a falta de um bom sono pode influenciar negativamente a sua vida. Infelizmente, muitas pessoas aprendem a tolerá-los e acabam roubando de si mesmas uma melhor qualidade de vida.

Pare um momento e responda a esta pergunta: de quantas horas de sono você *precisa* para descansar, recuperar suas energias e ficar totalmente alerta? Em nossa cultura, nós temos a tendência de admirar as pessoas capazes de funcionar com muito pouco sono. Mas, antes da invenção da lâmpada elétrica, a maioria das pessoas precisava de dez horas de sono por noite para se sentir totalmente descansada e pronta para o dia. Estabeleça o seu próprio padrão e depois observe se você consegue ou não ter esse descanso. E decida agora mesmo fazer o que for necessário para restabelecer esse hábito básico de cuidado pessoal. Eis aqui algumas coisas a considerar:

1. **Transforme seu quarto de dormir em um santuário.** Uma vez que você passa tanto tempo no seu quarto, ele precisa não só garantir o conforto necessário a um sono tranqüilo como também ser um recanto para aquecer a sua alma. A iluminação é baixa e relaxante? O local é poluído visualmente? Tire de dentro dele todos os livros não lidos, as pastas de trabalho e revistas antigas. Quando você acorda vendo essas coisas, o seu cérebro recebe um estímulo automático e muda rapidamente de um estado calmo e relaxado para um modo mais excitado e analítico. Coloque persianas ou cortinas para quebrar a luz do sol.
2. **Não se contente com nada menos do que *a* cama perfeita.** Quando meu marido e eu passamos para uma cama nova, grande e de alta qualidade, ficamos espantados com o impacto que ela teve em nosso sono. Nós passamos não apenas a dormir mais profundamente e por mais tempo, como a nos sentir muito mais energizados e dispostos a começar o dia. Experimente vários colchões antes de tomar uma decisão e gaste o dinheiro que for necessário no colchão certo. Se você não trocou o seu

colchão nos últimos cinco anos, vá a uma boa loja e experimente os novos tipos agora disponíveis. Considere também a hipótese de optar por uma cama bem grande. E caso não esteja precisando de um colchão novo, não se esqueça de trocar o lado do seu pelo menos uma vez por mês.

3. **Compre lençóis novos com mais freqüência.** Embora isso possa parecer uma dica estranha, você se surpreenderá ao ver como o corpo reage positivamente a um lençol com cheirinho de novo, para não falar de como se sentirá bem com a diminuição dos agentes alergênicos.
4. **Falando em lençóis, os seus são macios e confortáveis?** Esse é outro investimento importante – você merece lençóis de qualidade. Isso não é um luxo, ou um gasto supérfluo. Pense em conforto, conforto, conforto.
5. **Tire a televisão do quarto de dormir.**
6. **Estabeleça a hora certa de se deitar** para a *sua* noite inteira de sono e comprometa-se a respeitar essa decisão todas as noites desta semana que está começando (sim, *todas* as noites). Assim você poderá testar a diferença em sua qualidade de vida.
7. **Verifique a qualidade do ar do seu quarto de dormir.** Se você acorda com dor de cabeça, nariz entupido ou garganta arranhando, talvez precise usar um bom purificador de ar para filtrar bactérias, bolor e poeira. Quando meu marido e eu fizemos isso, percebemos a diferença logo na primeira noite.
8. **Faça sua última refeição,** pelo menos, quatro horas antes de se deitar e evite ingerir cafeína por um período ainda mais longo para não afetar seu sono.

Se depois dessas mudanças você não conseguir melhorar a qualidade do seu sono, talvez seja melhor consultar um especialista. Procure se informar sobre os distúrbios do sono e verifique se é o caso de fazer algum tratamento.

E durma bem!

O DESAFIO DE AGIR

Faça um levantamento do seu quarto e dos seus hábitos de dormir e promova melhorias nesse item. Você pode tirar a televisão do quarto, programar uma visita a uma loja de colchões, ir para a cama mais cedo ou comprar um novo jogo de lençóis. Ajude o seu corpo e a sua mente a descansar, relaxar e rejuvenescer.

Além das mudanças necessárias para transformar o seu quarto de dormir num santuário do sono, eu gostaria de recomendar um exercício de relaxamento.

Descobri que o exercício de "respiração balanceada" abaixo é muito útil. É uma técnica tirada do livro *Instant Emotional Healing* (Cura emocional instantânea), de George Pratt e Peter Lambrou. Ela busca o equilíbrio da energia corporal para ajudar a obter um relaxamento mais profundo.

Quando estiver pronto para dormir, deite-se de costas e respire suavemente...

1. Cruze o tornozelo esquerdo sobre o tornozelo direito.
2. Estique ambos os braços para a frente.
3. Cruze o seu braço direito sobre o braço esquerdo na altura do pulso.
4. Gire as palmas das mãos de maneira que fiquem uma de frente para a outra e entrelace os dedos.
5. Gire as mãos para baixo na direção do estômago.
6. Continue girando para dentro até trazer as mãos para perto do seu peito. A esta altura você cruzou o eixo do seu corpo com suas mãos, braços e pernas.
7. Na posição correta, inspire pelo nariz tocando a ponta da língua no céu da boca. Expire pela boca, repousando a língua na posição normal.

Durante a respiração, concentre o seu pensamento na idéia de equilíbrio. Experimente visualizar uma balança ou uma gangorra equilibradas, ou repita mentalmente, várias vezes, a palavra "equilíbrio". Faça isso durante pelo menos dois minutos.

Antes de aplicar essa técnica de relaxamento, preencha as seguintes lacunas:

As coisas que precisam ser melhoradas no meu quarto de dormir são:

1. ______________________________

2. ______________________________

3. ______________________________

A mudança que eu farei esta semana é:

____

33ª SEMANA

UMA FAXINA NO ESCRITÓRIO

Analise a sua vida segundo o seu ambiente.
As coisas ao seu redor promovem ou atrapalham o seu sucesso?

W. CLEMENT STONE

DURANTE UMA VISITA QUE FIZ a uma amiga, em seu escritório num edifício alto do centro da cidade, eu me lembrei dos dias em que trabalhava para um empresa cujo escritório era um lugar abafado, com uma janela que dava para um outro edifício. Nessa época de minha vida profissional eu sofria de dores de cabeça freqüentes, de sinusite e de falta de ânimo durante a tarde. Enquanto conversava com minha amiga, cheguei a sentir o meu corpo perder energia. E, quando comecei a bocejar nas horas mais inoportunas, percebi que precisava mesmo era de ar fresco.

Muitos de nós passamos um bocado de tempo dentro de escritórios todos os dias, por isso é importante certificarmo-nos de que o ambiente de trabalho não é prejudicial à nossa saúde. Da mesma forma que colchões ruins prejudicam a qualidade do nosso sono, trabalhar num ambiente insalubre pode trazer sérias conseqüências a longo prazo. Gripes e resfriados freqüentes, sinusite e alterações bruscas do nível de energia são apenas algumas das queixas que eu tenho ouvido de meus clientes ao longo desses anos.

Costumamos esquecer o impacto que o ambiente de trabalho exerce sobre a nossa saúde e a nossa eficiência no dia-a-dia. Escritórios desorganizados, mal iluminados, sujos ou com ar viciado podem acabar com a nossa energia, ou, pior ainda, nos deixar doentes. Portanto, se você tem um escritório em casa, um cubículo numa empresa ou um grupo de salas num edifício comercial, é bom considerar o seguinte:

1. **O seu escritório é limpo?** Além de se livrar das pilhas de papéis e da balbúrdia (lembre-se: na dúvida, jogue fora!), é importante mandar limpar o seu escritório regularmente. Isto quer dizer tirar a poeira e a sujeira, passar o aspirador no chão e limpar as janelas. Se a empresa onde você trabalha tem um serviço de limpeza contratado, não hesite em reclamar se o escritório não estiver completamente limpo. Quer você mesmo faça ou pague a alguém para fazer, uma faxina completa é sempre uma boa forma de começar (e é também um bom *feng shui!*).
2. **Que tal é a iluminação?** A iluminação do seu escritório contribui para uma atmosfera de trabalho confortável? Os seus olhos se cansam com facilidade durante o dia? Verifique a iluminação da sua mesa de trabalho e a luz refletida pela tela do seu computador. A luz fria das lâmpadas fluorescentes estimula a produção, mas algumas pessoas têm problemas com este tipo de iluminação, como lacrimejamento e irritação nos olhos. Para tornar o ambiente mais aconchegante, use uma luminária de mesa pequena e forte com uma luz quente. Aproveite, sempre que possível, a luz natural. Mudar a iluminação não apenas torna mais fácil enxergar durante as horas de trabalho como melhora o humor e o clima de qualquer escritório (e até de cubículos!).
3. **E que tal o ar que você respira?** A qualidade do ar é um requisito básico. Estudos recentes mostram que a má qualidade do ar que respiramos em nossa casa ou escritório pode ser mais prejudicial do que imaginamos. Se você trabalha num local fechado e ventilado mecanicamente (ou onde não se pode abrir as janelas), é bastante provável que esteja respirando ar reciclado. Nesse caso, procure acrescentar um pequeno purificador de ar em seu escritório.

4. **Tem água potável por perto?** Hoje sabemos que o nosso corpo precisa ficar hidratado durante o dia, principalmente se trabalhamos em escritórios abafados. Eu passei a beber mais água depois que instalei um refrigerador de água engarrafada perto da minha mesa. Esse investimento me permitiu ter água limpa e fresca ao alcance da minha mão o dia inteiro. Outra boa solução é deixar sempre uma garrafa de água mineral em cima da sua mesa. Água é o máximo em matéria de cuidado pessoal no trabalho.
5. **Você tem objetos pessoais em seu escritório?** Nós costumamos pensar em um escritório como "um lugar de trabalho" e esquecemos que somos muito mais felizes e produtivos quando gostamos do espaço. Por que não tornar a sua casa fora de casa um pouco mais confortável? Acrescente, por exemplo, um pouco de vida – literalmente – ao seu escritório: coloque flores frescas, uma planta que dê flores ou uma árvore própria para ambientes fechados. Acrescente alguns confortos incomuns. Um ex-patrão meu tinha um tapete de pele de carneiro embaixo da sua mesa para aquecer os pés. Nos meses de inverno ele entrava no escritório, tirava os sapatos e punha os pés naquele tapetinho quente e aconchegante embaixo da mesa. Outros objetos pessoais podem ser:

Chinelos, sapatos ou meias confortáveis.
Um walkman para você ouvir as suas músicas preferidas.
Velas, incenso ou um difusor de aromaterapia.
Uma pequena fonte de água borbulhante.
Os seus quadros e fotografias favoritas.
Um aviso de NÃO PERTURBE.
Sinos da felicidade na janela.
Uma almofada confortável em sua cadeira.

Pense no tempo que você dedica a criar um ambiente de trabalho mais saudável e prazeroso como um investimento no seu sucesso profissional. Afinal, depois de criar um escritório mais saudável e feliz, você mesmo será mais saudável e feliz. Conseguirá relaxar mais e terá mais energia e bom humor. Para mim, isso tem cara de bons negócios!

O DESAFIO DE AGIR

Passe algum tempo esta semana avaliando cada um dos itens mencionados acima. Escolha um deles e comece a implantar mudanças. Se você não tem certeza do que fazer ou acha que está com o tempo todo ocupado, peça ajuda. Contrate alguém para limpar o seu escritório ou peça a um amigo que dê uma ajuda.

As três coisas que eu farei para melhorar o meu escritório são:

1. ______________________________

2. ______________________________

3. ______________________________

34ª SEMANA

SUPERE-SE

Siga em frente, mesmo que tenha medo.

SUSAN JEFFERS

QUANDO JOANN E SCOTT DECIDIRAM abrir uma creche, jamais esperavam que fosse acontecer uma crise de última hora. Dois dias antes da assinatura do contrato da compra da casa que abrigaria a creche, os proprietários resolveram aumentar o valor. Com todos os seus recursos já empregados, Joann e Scott ficaram paralisados. Onde iriam arranjar o dinheiro? E em tão pouco tempo?

Depois de se refazerem do choque inicial, eles viram que teriam de pedir ajuda à família, aos amigos e a empresários locais. Pedir dinheiro era a última coisa que gostariam de fazer, mas, para poder levar à frente os seus planos, não tinham outra escolha.

Pedir e receber ajuda é algo muito mais difícil do que imaginamos. Joann e Scott tiveram de se superar para pedir dinheiro. Como iriam se beneficiar pessoalmente do sucesso da creche, eles se viram numa posição incômoda e constrangedora. O desafio que tinham diante de si era justamente o de vencer o medo do que os outros poderiam pensar para servir à sua missão – proporcionar aos pais a creche de que tanto precisavam para poder trabalhar e sustentar suas famílias sem se preocupar com o bem-estar dos seus filhos. Por isso, quando eles foram pedir ajuda, conseguiram um bom retorno.

O fato de Joann e Scott estarem servindo a uma visão maior com seu negócio tornou mais fácil pedir apoio. Eles haviam aprendido tempos atrás que era importante ligar o seu sucesso pessoal a uma missão mais ampla. Do contrário, suas realizações seriam vazias e destituídas de significado. O sucesso, quando não está ligado a um objetivo maior, envelhece rápido. Em vez de se sentir realizada, a pessoa continua querendo sempre mais.

Trabalhando por uma boa causa, fica muito mais fácil se superar para fazer alguma coisa difícil ou constrangedora. Se você se preocupa com os métodos educativos usados na escola do seu filho, por exemplo, vai querer dar sua opinião numa reunião de pais e professores mesmo que tenha medo de falar em público. Se luta pela preservação do meio ambiente, vai encontrar tempo e disposição para divulgar um projeto de reciclagem no seu bairro ou, ao menos, no seu condomínio.

Uma vez que tenha clareza sobre o modo como a sua contribuição e o seu trabalho se ligam a um bem maior, você não deixa que o medo e o constrangimento – que a sua "pequenez" – fiquem no caminho. Essa visão mais ampla funciona como uma âncora para que mantenha o foco no que é importante e supere as dificuldades.

De que maneira aquilo a que você se dedica agora está servindo ao mundo? E, o mais importante, o que é que você precisa vencer para levar o seu compromisso a um plano mais elevado? Se não sabe a resposta, veja se alguns dos itens abaixo estão atrapalhando o seu caminho:

Você tem medo da reação dos outros.
Você tem medo do fracasso.
Você tem medo do excesso de responsabilidade.
Você não sabe pedir ajuda.
Você não sabe receber ajuda.
Você tem medo da rejeição.

Você tem medo de críticas.
Você tem medo de se decepcionar.

Nós nunca fazemos coisas importantes sozinhos. Quer o seu objetivo seja se tornar o melhor pai ou mãe do mundo, servir à sua comunidade ou ajudar de alguma forma a curar os males do planeta, você nunca fará nada de importante por si só. E visto que nós precisamos das outras pessoas, os nossos medos e a preocupação com o que elas pensam de nós sempre serão empecilhos.

Comece a se superar agora mesmo. Se tem medo do que os outros possam pensar, desafie-se a fazer uma loucura, algo fora do comum, e enfrente as conseqüências de cabeça erguida. Se tem dificuldade de pedir ajuda, peça alguma coisa a cinco pessoas diferentes todo dia – endereços, telefones, apoio, informação, qualquer coisa – até começar a se acostumar. Se tem medo da responsabilidade que terá ao desempenhar um papel mais importante no mundo (e a responsabilidade aumenta, sim!), coloque em ação os seus sistemas de apoio *agora mesmo*, para poder continuar seguindo em frente.

A boa notícia é que não precisamos enfrentar nossos medos sozinhos. Na verdade, com o amor e a ajuda dos outros, podemos superá-los e realizar a nossa visão muito mais rapidamente.

O DESAFIO DE AGIR

O Desafio de Agir desta semana tem duas partes. Primeiro reflita calmamente sobre o objetivo maior do seu trabalho, a sua missão. Se não tem certeza do que é, dedique algum tempo a responder as seguintes perguntas:

1. De que maneira o meu trabalho serve aos outros?
2. De que maneira eu gostaria que ele servisse a um bem maior?

Ponha no papel todos os pensamentos, sentimentos e idéias que lhe venham à cabeça. Em seguida arrume as respostas em uma única frase. Por exemplo, você pode decidir que "Eu contribuo para uma sociedade mais saudável educando o meu filho para ser um adulto afetuoso e cheio de compaixão", ou que "Eu contribuo para a proteção do meio ambiente trabalhando em um centro comunitário de reciclagem". Não se preocupe em desenvolver uma missão perfeita. Ela evoluirá com o tempo.

Em seguida identifique um medo ou preocupação que possa estar no caminho dos seus objetivos. Quando tiver alguma coisa em mente, escolha uma pessoa que respeite para ajudar você a enfrentar o seu medo.

A minha missão é:

____

O medo que me impede de realizar essa visão é:

____

Esta semana eu vou pedir a ____________ que me ajude a vencer este medo.

35ª SEMANA

FORRE O SEU NINHO

Quantos sejam os prazeres e os palácios por que possamos vagar,
por humilde que seja, não há lugar como o nosso próprio lar.

JOHN HOWARD PAYNE

ESTE CAPÍTULO SE INSPIRA na busca que eu e meu marido Michael fizemos pelas lojas, há alguns fins de semana, por um tapete para a nossa biblioteca. Durante mais de dois anos eu não consegui terminar de decorar este que é um dos nossos lugares favoritos dentro de casa por causa dos textos que tinha de escrever e das palestras que precisava preparar. Que grande equívoco! Quando achamos o tapete ideal, fiquei feliz da vida. Foi só acrescentar uma luminária antiga, a minha poltrona predileta e estava criado mais um ótimo recanto para eu alimentar o meu espírito. É impressionante como a "beleza" alimenta a alma!

E a sua casa? Tem um lugar especial para você relaxar e rejuvenescer? Um lugar cheio de coisas bonitas que fazem você sorrir quando passa por elas? Eu sei, e já posso ouvir alguns de vocês resmungando (especialmente aqueles que têm filhos), como é difícil achar um espaço livre para caminhar, que dirá para desfrutar. Mas é importante lembrar que um pouquinho de beleza já é bastante coisa. Pequenas mudanças num cômodo podem fazer uma enorme diferença. Quando morava sozinha num pequeno apartamento na cidade, eu coloquei um pequeno bebedouro para os passarinhos na janela do meu quarto. Toda manhã eu acordava com os doces chilros dos tentilhões amarelos e vermelhos tomando o seu café da manhã.

Acordar de manhã com a visão de árvores e pássaros faz um bem enorme para alma, o que não é o caso de uma pilha de livros não lidos ao lado da cama. Por que você não se livra dos livros e muda a sua cama para um lugar mais silencioso? O suave murmúrio de uma fonte de água é bom para acalmar os nervos, ao contrário do rumor constante do tráfego. Essas mudanças simples podem transformar o seu quarto num paraíso para a sua alma. Não subestime o efeito que o ambiente tem sobre você.

O DESAFIO DE AGIR

Esta semana faça algo especial que ajude a criar um novo espaço em sua casa para descansar o espírito. Coloque, por exemplo, sinos da felicidade em alguma janela ou um vaso de violetas em cima da mesa. Curta o cheiro de um bom incenso e mande emoldurar aquela gravura que você há tempos quer colocar no escritório. Quem sabe *você* também tem vontade de comprar um tapete? O que quer que seja, forre o seu ninho e dê ao seu espírito um lugar aconchegante e confortável para descansar.

Escolha um lugar especial em sua casa.
Limpe-o completamente.
Avalie o espaço e decida as coisas que você gostaria de acrescentar (iluminação, acessórios ou móveis confortáveis).
Acrescente pelo menos uma coisa esta semana.

36ª SEMANA

CRIE RESERVAS

O dinheiro não compra a paz de espírito, não cura relacionamentos rompidos nem dá significado a uma vida que não tem nenhum.

RICHARD M. DEVOS

SE EU LHE PERGUNTASSE neste momento até que ponto você sente *segurança* em sua vida, qual seria a primeira coisa em que pensaria? Se é como a maioria das pessoas, na certa associaria a sensação de segurança à quantidade de dinheiro que possui. Pensaria em seus investimentos e se perguntaria se terá ou não economizado o bastante para cuidar de si mesmo e da sua família quando se aposentar. Eu mesma já fiz isso. Para me sentir segura e ter paz de espírito, eu me concentrei em ganhar e economizar dinheiro. Infelizmente a minha sensação de segurança e paz não cresceu com minha conta bancária. Independentemente de quanto dinheiro tenha ganho e economizado, eu nunca me senti totalmente segura. Desde então, aprendi uma importante lição – as chaves da verdadeira segurança são coisas que estão muito além do equilíbrio dos nossos investimentos. Ela depende do equilíbrio alcançado em outros tipos de conta.

Nunca vou esquecer uma conversa que tive com meu primeiro treinador pessoal sobre a questão da segurança. Eu me queixava com ele de que nunca me sentia suficientemente segura, independentemente de quanto dinheiro ganhava. Depois de passar um bom tempo economizando e investindo em minha saúde financeira, as minhas oportunidades eram maiores e mais numerosas do que nunca, mas eu ainda não tinha a paz de espírito que tanto almejava. Eu queria saber quando o bastante seria suficiente.

Quando acabei de me queixar, ele meu deu alguns ótimos conselhos. Ele disse: "Cheryl, a verdadeira segurança provém da pessoa ter reservas em *todas* as áreas de sua vida – vida social, amor, auto-estima, ligação com Deus, saúde e, é claro, finanças. Enquanto não investir nessas outras áreas, você não se sentirá segura, não importa quanto dinheiro venha a ganhar."

Essa simples frase mudou para sempre a forma como eu encarava a questão da segurança. Percebi que estava presa a um modo de pensar ultrapassado.

Nós vivemos numa cultura centrada no trabalho, que nos incentiva a buscar segurança trabalhando, ganhando dinheiro, economizando e trabalhando um pouco mais. O objetivo é acumular riqueza suficiente para alguma situação de emergência, como desemprego ou doença, ou para ter uma aposentadoria confortável. Mas um *foco excessivo* no trabalho e no dinheiro cria um problema. Enquanto você achar que o dinheiro é o passaporte para a segurança, vai continuar trabalhando duro e deixando de investir em outras áreas da sua vida. E, sem dedicar o tempo necessário a seus relacionamentos, a algum tipo de prática espiritual e à sua saúde física e mental, você jamais se sentirá em total segurança. E vai continuar simplesmente trabalhando duro. Percebeu?

É claro que o dinheiro é importante. Como eu disse num capítulo anterior, todos precisamos dele para fazer as coisas boas que melhoram a nossa qualidade de vida. Mas é igualmente importante fazer depósitos em outras contas. Responda agora as seguintes perguntas:

1. Eu tenho uma reserva de amigos e familiares que me amam e apóiam?
2. Eu tenho uma reserva de confiança e auto-estima?
3. Eu tenho uma reserva de fé e uma forte ligação com Deus?
4. Eu tenho uma reserva de energia física?

5. Eu tenho uma reserva de colegas de trabalho que me desafiam e estimulam a dar o melhor de mim?

Da mesma forma como faz depósitos regulares na sua poupança, você precisa começar a fazer depósitos nessas outras contas também. Quando encarar a segurança deste ponto de vista, você vai perceber que se encontrar regularmente com seus melhores amigos é tão importante quanto investir todo mês em seu fundo de pensão. E vai ver também que construir uma reserva de auto-estima, impondo limites às pessoas que drenam a sua energia e cuidando com carinho das suas necessidades, é até mais importante do que economizar para comprar uma casa nova.

Construir cada uma dessas reservas leva tempo e exige muito empenho. O importante por ora é você se conscientizar de que, investindo em todas as áreas da sua vida, estará assegurando não apenas o seu futuro mas o seu presente também. E um presente seguro significa escolhas mais inteligentes e, por conseguinte, um futuro muito melhor!

O DESAFIO DE AGIR

Reserve algum tempo para avaliar a situação de todas as contas da sua vida. Pegue uma folha de papel e crie várias colunas. No alto de cada uma escreva uma categoria: amor, vida social, confiança/auto-estima, saúde física e mental e assim por diante.

Em seguida escreva em cada uma dessas áreas o seu balanço atual. Na coluna "vida social", por exemplo, você pode listar seus amigos mais chegados e seus familiares; na coluna "saúde física e mental" pode relacionar as coisas que já faz para cuidar bem do seu corpo e do seu equilíbrio emocional.

Um vez tendo clareza sobre aquilo que você *já* tem, escolha uma área onde gostaria de investir mais energia e faça um depósito esta semana mesmo!

37ª SEMANA

CONSERTE O QUE ESTÁ QUEBRADO

A hora de consertar o telhado é quando o sol está brilhando.

JOHN F. KENNEDY

OUTRO DIA EU ESTAVA indo de carro para um encontro com amigos quando fiquei presa num congestionamento. Então peguei o celular para avisá-los de que ia me atrasar um pouco, mas a bateria acabou enquanto eu teclava o número. E me senti ainda mais frustrada porque sabia que a bateria não estava funcionando bem há algum tempo, descarregando pouco depois de ser carregada. O pior é que eu tinha decidido comprar um telefone novo havia umas duas semanas, mas acabara não fazendo isso.

Pequenos aborrecimentos como esse nos irritam profundamente e nos deixam logo de mau humor. Infelizmente, é justo na hora em que temos de fazer alguma coisa importante que o problema aparece. Por exemplo, basta estar com pressa de chegar a um compromisso para descobrir que esquecemos de abastecer o carro. Ou, no dia de uma reunião de trabalho, abrimos o armário para pegar nossa roupa favorita e descobrimos que está faltando aquele botão que tantas vezes pensamos em colocar. Ou, então, quando o cliente telefona perguntando por um documento, não conseguimos achá-lo em meio à montanha de papéis que deixamos acumular semanas (ou meses) a fio em cima da mesa.

No passado, quando eu sugeria aos meus clientes lidar com

esses pequenos aborrecimentos *antes* que eles se tornassem um problema maior, costumava ouvir respostas do tipo "eu não tenho tempo para isso", ou "tenho coisas mais importantes para fazer". Mas a experiência me ensinou que dedicar algum tempo regularmente para lidar com os pequenos problemas não apenas evita enormes frustrações mais tarde como, na prática, poupa nosso tempo e nos torna mais produtivos.

A tarefa desta semana é cuidar das pequenas coisas que nos afligem. Há algo que precisa ser consertado ou substituído em sua casa ou escritório? Alguma compra que precisa fazer para abastecer sua despensa? Faça então o favor (é para você mesmo!) de dedicar algum tempo ao Desafio de Agir desta semana. Você se surpreenderá ao ver como o tempo que gasta resolvendo pequenas coisas faz uma enorme diferença na sua qualidade de vida. Evita que os pequenos problemas se tornem grandes mais tarde.

O DESAFIO DE AGIR

O seu desafio esta semana é identificar e eliminar cinco pequenos aborrecimentos que andam incomodando você. Pare agora mesmo e pense em lugares onde possa haver algumas dessas tarefas irritantes a fazer – seu carro, seu escritório, sua casa, talvez seu guarda-roupa. Se tiver problemas para se lembrar das pendências, ponha um pedaço de papel na bolsa ou na carteira e, toda vez que tropeçar em alguma coisa que precisa ser feita, anote. Eu tenho certeza de que em uma semana você terá pelo menos cinco tarefas para cumprir. Boa sorte!

As cinco coisas que eu vou consertar esta semana são:

1. ______________________________

2. ______________________________

3. ______________________________

4. ______________________________

5. ______________________________

38ª SEMANA

NÃO DEIXE POR MENOS

Se tiver de fazer concessões, faça para mais.

ELEANOR ROOSEVELT

OUTRO DIA EU FUI TOMAR chá com minha amiga Sandy, uma agente de vendas ligada a uma grande empresa de produtos eletrônicos. Ela contou um episódio pessoal que me inspirou a escrever este capítulo:

Numa de minhas freqüentes viagens a trabalho, eu descobri, ao entrar no avião, que o atendente do check-in se equivocara marcando o meu assento na parte traseira do salão – o último lugar em que uma viajante acostumada como eu gosta de se sentar.

Disseram-me que o avião era de outro modelo, muito maior do que este em que eu ia viajar. Assim que cheguei ao meu assento, vi logo que precisava mudar. Mas, ao me virar para a frente, fui surpreendida por uma longa fila de passageiros esperando que eu colocasse minha bagagem no compartimento superior para que eles pudessem chegar aos seus lugares. Frustrada e aborrecida, eu me sentei. E enquanto terminava o embarque de passageiros comecei um diálogo em minha cabeça que era mais ou menos o seguinte: "Uma viagem num lugar ruim não vai matá-la, Sandy. O vôo está cheio, tem muita gente querendo embarcar e você só vai criar problemas se tentar mudar de lugar agora." Decidi então usar a tática de "respirar fundo e usar a situação como uma oportunidade de praticar a aceitação". Mas, de repente, mudei de idéia.

Quando a lateral esvaziou um pouco, larguei minha mala no compartimento de bagagens e fui rapidamente até a frente do avião. Expliquei educadamente a situação à comissária de bordo e pedi um lugar melhor. Bastante solícita, ela me pediu que ficasse ali e aguardasse. Minutos depois voltou e me levou até um assento junto à divisória (um dos meus lugares favoritos). Eu fiquei muito feliz de ter falado com franqueza!

Qual é a moral dessa história? *Não deixe por menos.*

Esta simples experiência exemplifica as regras que guiam a vida de muitos de nós. Não faça marola. Seja legal. Ponha as necessidades dos outros à frente das suas. Não faça cenas. Já lhe aconteceu, por exemplo, de você pedir um determinado prato num restaurante, o garçom trazer uma coisa diferente e você acabar deixando pra lá? Já desistiu de comprar um CD Player para o seu carro porque custava um pouquinho mais do que achava que devia gastar? Já manteve um relacionamento que não queria mais só para proteger os sentimentos do outro?

No final a gente sempre colhe o que planta. Quando corremos o risco de fazer cenas, de decepcionar os outros e de nos dar mais do que achamos que merecemos, elevamos automaticamente o nosso padrão. Eu não estou sugerindo que você aja de maneira arrogante ou insensível. Só quero lhe dar encorajamento para tratar suas necessidades com o respeito e a consideração que você merece.

Portanto, da próxima vez em que travar um diálogo mental como esse, lembre-se de que aceitar um lugar ruim no avião ou a comida errada no restaurante pode ser apenas um símbolo de coisas mais sérias que você aceita em sua vida. Comece a fazer por mais!

O DESAFIO DE AGIR

Preste atenção às situações em que você acaba deixando por menos. Talvez seja bom até colocar um pequeno aviso no seu escritório ou um bilhete na sua agenda com a frase: "Será que você não merece mais?"

Use este aviso para lembrar-se de elevar os seus padrões. Seja a qualidade de um produto que compra, ou a maneira como deixa os outros tratarem você no trabalho e nos seus relacionamentos pessoais, desafie-se a falar claro e pedir o que quer.

Eu aceito menos do que mereço em minha vida quando:

____

As três mudanças que eu gostaria de fazer são:

1. ____

2. ____

3. ____

39ª SEMANA

ENTRE EM FORMA

Eu gosto de fazer exercício, mas nem sempre posso porque a agenda do meu sono vive cheia.

ANÔNIMO

A PRIMAVERA É A ÉPOCA do ano em que muita gente começa a pensar em entrar em forma. E para me aconselhar, eu procurei a pessoa mais versada neste assunto que conheço – meu marido, Michael. Além de ser um profissional de fitness experiente, que tem se dedicado a ajudar as pessoas a encontrar as suas fórmulas individuais para atingir e manter a boa forma, Michael também "dá o exemplo" desde os dez anos de idade. Como fisioterapeuta, ele começou a notar que os problemas emocionais atrapalhavam o progresso dos seus clientes. Foi inspirado por essa descoberta que decidiu fazer mestrado em aconselhamento psicológico. Desde então ele vem ampliando seus estudos sobre a saúde física e emocional com a abordagem dos bloqueios energéticos que impedem as pessoas de viverem vidas saudáveis.

Criar um modo de vida saudável é um processo holístico. Hoje a maioria das pessoas sabe que isso implica cuidar simultaneamente do corpo e da mente, mas as pesquisas vêm revelando que há vários outros aspectos a serem considerados, entre eles os chamados "campos de energia", cujo desequilíbrio pode afetar nosso bem-estar físico e mental e nosso desempenho. Algumas terapias usadas para corrigir esses desequilíbrios são a Terapia do

Campo Mental (TCM) e as Técnicas de Liberdade Emocional (TLE). Em seu trabalho, Michael descobriu que o bloqueio desses campos e/ou trilhas de energia (similares aos da acupuntura) nos impede de dar continuidade e de tirar proveito dos nossos esforços para perder peso e entrar em forma.

Em diversas circunstâncias Michael pôde constatar que bloqueios ou distúrbios nesses campos podem limitar a nossa energia, reduzir ou minar a nossa motivação e, em última instância, nos levar ao fracasso. Depois que começou a usar a TCM e outras terapias energéticas em seu trabalho, ele observou um sensível aumento no índice de sucesso de seus clientes.

Eu quero compartilhar com você as oito coisas mais importantes que aprendi com Michael a respeito de como criar um modo de vida saudável. Tenho certeza de que elas serão uma grande ajuda na busca da boa forma física, mental e espiritual.

1. Cuidar da forma é muito mais do que comer bem e fazer exercícios regularmente. É um processo emocional, espiritual, psicológico e físico. Se você não leva em conta todos esses quatro aspectos no seu programa para entrar em forma, as chances de ele não dar certo são muito altas.
   Além de adotar um enfoque holístico, é preciso vencer obstáculos que às vezes se interpõem ao êxito até das pessoas mais esforçadas: alergias a alimentos, depressão, desequilíbrios hormonais, falta de concentração, hipotireoidismo, etc. Não conhecendo os seus obstáculos, o mais provável é que você continue a se punir por não alcançar o resultado pretendido. Se desconfiar de algum problema, procure um nutricionista, um médico ou algum outro especialista.
2. Se você mudar o foco da sua prática diária de exercícios – cuidar bem de você em vez de perder peso –, as suas chances de êxito a longo prazo aumentarão bastante. Mesmo que a perda de peso seja importante para você, deixe que ela venha

como efeito colateral positivo do seu modo de vida saudável.

3. Não existe um plano de alimentação ou de exercícios que sirva para todas as pessoas. Descubra a alimentação mais adequada ao seu organismo e o plano de exercícios que melhor atenda às suas necessidades e desejos.
4. Você não precisa perder uma certa quantidade de peso para se sentir bem consigo mesmo. Só precisa cuidar bem do seu corpo *no dia de hoje*. Quando me sentia frustrada por causa do tempo que ia levar para atingir o peso ideal, Michael dizia para eu me concentrar em comer bem e fazer exercícios "só por hoje". Foi assim que eliminei o grande obstáculo que me impedia de entrar e permanecer em forma – o diálogo interno negativo.
5. Dê um tempo nas revistas que vêm com imagens "tratadas" a aerógrafo e computador, porque elas só geram autocríticas negativas. Quando você olha para essas fotos, começa a pensar "Ah, se eu tivesse um corpo desses", ou "Eu nunca vou ficar assim", e entra numa espiral descendente que com toda certeza termina em assalto à geladeira.
6. Começar um programa simples e apropriado para perder peso é uma poderosa maneira de reconectar-se com seu corpo. Na primeira vez em que eu assisti a uma sessão de exercícios de Michael, aprendi que a musculação pode ser uma forma de meditação. Ele me ensinou que a concentração e os movimentos lentos, com toda a atenção colocada no músculo que eu estava fortalecendo, me permitiam ligar-me ao meu próprio corpo de uma forma mais profunda e espiritual. E o mais surpreendente é que, com exercícios mais lentos e conscientes, alcancei resultados muito melhores em menos tempo.
7. Você sairá do trilho da boa forma muitas vezes ao longo da vida – isso é certo. Mas, quando acontecer, lembre-se sempre de que reencontrar o caminho *e* sentir-se bem com você mesmo são metas fáceis de atingir: estão a apenas uma refeição saudável e uma sessão de exercícios de distância.

8. E, para terminar, o conselho mais importante de todos: está tudo bem dar uma colher de chá para você mesmo. Um sorvete ou um milk-shake ocasional, ou uma semana sem fazer exercícios, não vai matar ninguém. A busca da perfeição provavelmente sim.

O DESAFIO DE AGIR

Esta semana pense nos obstáculos que podem atrapalhar seu objetivo de entrar em forma. Vai ver você não é uma pessoa matinal, mas continua com a expectativa de levantar cedo para ir à academia. Talvez odeie usar aparelhos de ginástica, mas não se permite fazer algo mais divertido ao ar livre porque acha que exercício é sinônimo de malhação. Pense em seus hábitos alimentares: eles incluem a cafeína e o açúcar? Você não tem feito exercícios por causa de alguma contusão? Está com a agenda cheia?

Liste cinco obstáculos que estão no caminho do modo de vida saudável que gostaria de ter. Depois, ao lado de cada obstáculo, escreva uma solução que pode ajudar a superá-lo. Por exemplo, se tem uma contusão, marque uma consulta com seu médico. Ou troque o café comum pelo descafeinado.

Depois de listar cinco obstáculos e cinco soluções, escolha uma das soluções e implemente a mudança esta semana. Obter resultados a longo prazo só depende de uma pequena ação agora.

OBSTÁCULOS	SOLUÇÕES
1.________________	1.________________
2.________________	2.________________
3.________________	3.________________
4.________________	4.________________
5.________________	5.________________

40ª SEMANA

DESCANSO MERECIDO

Você está preparado e disposto a se tornar uma pessoa capaz de responder positivamente às coisas boas da vida?

JUDI HOLLIS

É TEMPO NOVAMENTE DE UM pouco de auto-indulgência. É triste dizer, mas as pessoas muito ocupadas, em sua maioria, precisam ser lembradas de que está na hora de darem a si mesmas o presente do cuidado pessoal. Por isso, vamos lá: é hora de fazer um grande favor ao seu corpo, à sua mente e ao seu espírito. Escolha algum item da lista abaixo, ou eleja alguma outra experiência especial de cuidado pessoal, e faça algo a respeito esta semana!

Você pode:

1. Agendar uma hora e meia de massagem.
2. Marcar um lanche à tarde com uma amiga ou amigo.
3. Tomar um longo banho quente e ler um bom livro.
5. Procurar um hotel aconchegante e combinar uma noite romântica com seu amor.
6. Alugar dois de seus filmes favoritos, desligar o telefone e passar uma tarde na cama deliciando-se com eles.
7. Tirar um dia de folga no trabalho para refrescar a cabeça.
8. Fazer uma pequena viagem ou algum passeio com seus filhos.
9. Tomar seu sorvete preferido enquanto passeia pela cidade sem rumo certo ou horário para nada.

Se ao ler este capítulo você pensar: "Eu já faço um monte de coisas legais para mim mesmo", isso é maravilhoso – quer dizer que você já está lá na frente. Então aumente a aposta e faça algo ainda melhor!

Se não tem certeza do que fazer, faça a seguinte pergunta: "Com que cuidado pessoal eu venho sonhando ultimamente?"

Quando souber a resposta, coloque-a no papel e faça-a acontecer!

O DESAFIO DE AGIR

Faça-me o favor de não ler este capítulo, achar que é uma ótima idéia e pôr o livro de lado. Pegue o telefone e a sua agenda e marque alguma coisa agora mesmo!

41ª SEMANA

O CUIDADO PESSOAL EM AÇÃO

Você dá o primeiro passo em direção ao sucesso quando se recusa a ficar prisioneiro do ambiente em que está.

MARK CAINE

RECEBI RECENTEMENTE UM E-MAIL de uma leitora que, depois de passar três meses afastada do trabalho, foi convidada a ocupar uma nova função numa ótima empresa. Tanto ela quanto a empresa achavam que este novo emprego se adequava perfeitamente ao seu talento, as seu nível de qualificação e aos seus valores. A empresa estava entusiasmada de tê-la em seus quadros, mas ela estava nervosa com o desafio que tinha pela frente. Estava preocupada com o que aconteceria em sua vida ao passar de um ritmo mais saudável e equilibrado para o que supunha ser uma agenda cheia e rigorosa. Meu conselho para ela foi simples: uma vez que é você quem dá as cartas, jogue com regras novas.

Quer esteja começando num novo emprego, conduzindo o seu próprio negócio ou já trabalhando para uma firma, você pode escolher como trabalhar. Pode fazer do seu cuidado pessoal uma prioridade e ser mais eficiente ou continuar acreditando que semanas de sessenta horas e um ritmo de trabalho frenético são sinônimos de mais sucesso.

Embora sejam muitos os objetivos que impulsionam uma organização, o principal deles é ganhar dinheiro. Isto é uma constatação elementar. Para realizar os seus objetivos e manter seu quadro de funcionários, a empresa precisa aumentar consistentemente os seus lucros. E é por isso que a maioria das empresas se preocupa quando os empregados começam a falar em equilíbrio vida-trabalho. Elas cometem o erro de achar que promover estratégias de cuidado pessoal no trabalho é o mesmo que incentivar a preguiça, o egoísmo e a redução da produtividade. Isso pode ser verdade para alguns empregados, mas a experiência tem me mostrado que as pessoas mais preparadas e mais inteligentes, em geral, apresentam resultados melhores.

A crença de que longas horas de trabalho frenético fazem de você um profissional mais produtivo é um mito. Hoje a maioria das pessoas reconhece que o excesso de trabalho causa uma série de problemas, da falta de criatividade a doenças relacionadas ao estresse, que diminuem a eficiência. Cuidar bastante bem de você é muito bom para os negócios. Se não acredita em mim, faça uma experiência. Aplique algumas das novas regras abaixo durante os próximos trinta dias e veja o que acontece. Se colocar algumas dessas regras em prática, vai ver que não só produzirá mais no trabalho como terá mais tempo para a sua vida.

NOVAS REGRAS PARA OS NEGÓCIOS

1. Todos os dias eu almoço e, neste horário, faço alguma coisa não relacionada ao trabalho. Por exemplo, saio do escritório e dou uma caminhada, entro numa loja de CDs e fico ouvindo música, escrevo em meu diário, leio um capítulo de um livro ou marco um café com um amigo.
2. Eu trabalho uma quantidade razoável de horas. Na maior parte dos dias, eu chego às __ e largo às __.
3. Eu programo "espaços para respirar" todos os dias para poder parar, reavaliar minhas prioridades e ter certeza de que estou trabalhando no que é realmente importante.

4. Eu faço o que for necessário para criar um ambiente de trabalho saudável. Mantenho o meu escritório limpo e minha mesa organizada, tenho água mineral por perto e, se necessário, ponho um filtro de ar.
5. Eu tenho a minha lista de "sim absoluto" no trabalho (uma ficha com as cinco prioridades máximas em ordem de importância) e recorro a ela com freqüência.
6. Eu estou me treinando para delegar trabalho e autoridade às outras pessoas.
7. Eu só contrato pessoas competentes e talentosas para me ajudar.
8. Eu peço aos meus amigos e familiares que respeitem meu tempo de trabalho eliminando ligações pessoais e interrupções desnecessárias.
9. Eu organizo meu horário de trabalho para eliminar distrações e interrupções. Programo blocos de trabalho ininterrupto e mantenho o foco. Só verifico o correio de voz e o e-mail __ vezes por dia.
10. Eu não assumo mais tarefas do que sou capaz de executar. Quando me pedem que tome a frente de um projeto, eu me certifico de poder cumprir as obrigações sem sofrimento e sem precisar sacrificar o meu cuidado pessoal.

Colocar essas regras em prática pode ser desafiador no início, mas eu lhe garanto que, se você fizer isso, sua produtividade no trabalho vai aumentar e seu nível de relaxamento em casa também. Para ter maiores chances de êxito, peça a um colega de escritório, ao seu sócio, ou a um amigo que trabalha por conta própria, que faça com você um teste de trinta dias.

Se trabalha para alguém, converse com o seu chefe sobre essa nova idéia e mostre como ela pode beneficiar a ambos. Diga-lhe que você gostaria de fazer uma experiência e peça sua autorização. Faça o seu patrão e/ou seus colegas de trabalho saberem com antecedência que você estará aplicando essas novas regras para desafiar-se a ser mais focado e produtivo durante o dia. Quando você confirmar que o cuidado pessoal no trabalho traz bons resultados financeiros, convide-os a se juntarem à sua experiência.

O DESAFIO DE AGIR

Crie o seu próprio perfil de trabalho. Reescreva a lista acima adaptando-a às suas necessidades. Quando as suas novas regras estiverem prontas, imprima-as e coloque-as na parede do seu escritório. Repasse a lista diariamente esta semana e preste bastante atenção a como o seu dia de trabalho e a sua vida pessoal melhoram com o tempo.

42ª SEMANA

ACESSÓRIOS DE VIDA

O único resultado é a qualidade do nosso dia.

ALAN CLEMENTS

AO RETORNAR DE UMA SEMANA extremamente ocupada em Londres, eu tinha um bocado de coisas para fazer. Precisava responder um monte de e-mails, acabar de escrever um artigo e ler uma pilha de cartas. Estava me sentindo um tanto assoberbada. Então decidi ouvir a trilha sonora do filme *Shine* (Brilhante) enquanto trabalhava em meu escritório. Esse CD era um dos que eu escutava com freqüência quando precisava de inspiração para escrever meu primeiro livro.

Assim que comecei a ouvir a música, fiquei boba de ver como meu estado de espírito mudou. Passei a me sentir radiante em questão de segundos. A música me levou de volta a uma época em que eu me sentia cheia de energia e inspiração.

Ouvindo o CD, eu pensava no poder que a música tem de mudar o nosso estado de espírito. E me perguntava por que razão eu não me permitia esse prazer com mais freqüência durante o trabalho.

A música é um bom exemplo de acessório de vida – aquelas coisas simples (e muitas vezes baratas) que melhoram a nossa qualidade de vida. Da mesma forma como as jóias e as gravatas bonitas melhoram a nossa aparência, os acessórios de vida melhoram a vida cotidiana estimulando positivamente os nossos sentidos. Na verdade, os nossos sentidos desempenham um papel fundamental na identificação desses acessórios.

De que maneira você pode usar os acessórios para estimular os seus sentidos e acrescentar riqueza às suas experiências cotidianas? Você pode, por exemplo, usar uma xícara antiga, em vez da caneca de sempre, para tomar chá, acentuando a sua experiência visual. Pode usar incenso ou óleos aromáticos para estimular o olfato e acrescentar um efeito calmante à sua casa ou escritório. Um animal de estimação pode ser um formidável acessório de vida que estimulará o seu tato, a sua visão e a sua audição e será, além disso, uma grande fonte de amor e companheirismo! Eis aqui outros exemplos de acessórios de vida:

1. Vasos de plantas espalhados pela casa.
2. Um belo objeto de arte na parede do seu vestíbulo.
3. Velas aromáticas.
4. Lâmpadas de luz quente para levantar o seu espírito.
5. Ouvir um jogo de futebol enquanto trabalha.
6. Tomar uma taça de vinho enquanto prepara o jantar.
7. Porta-retratos com fotos de pessoas queridas para você admirar enquanto trabalha em sua mesa.
8. Flores frescas.
9. Uma fonte borbulhante.
10. Uma almofada gostosa para aquecer sua cadeira favorita ou sua cama.
11. Produtos perfumados para o cabelo.
12. Sopa feita em casa fervendo no fogão.
13. Água mineral gelada no escritório.
14. Seu chá favorito.
15. Água e comida para os passarinhos em sua janela.
16. Sachês em seu carro e nas gavetas do armário.

É tão fácil a gente se deixar levar pelas coisas todas que tem para fazer que às vezes se esquece desses prazeres simples. Portanto, quando você for começar a sua semana, pare um momento e pense nos seus acessórios de vida favoritos. O que você pode acrescentar ao seu dia que irá melhorar o clima e o humor da *sua* vida?

O DESAFIO DE AGIR

Quando você pensar nos seus acessórios de vida, imagine o que gostaria de estar olhando, ouvindo, provando, cheirando e tocando. Faça uma lista de pelo menos cinco itens e ponha ao menos um deles em prática esta semana. E observe com atenção o efeito que ele exerce sobre o seu espírito e o seu trabalho.

Meus cinco acessórios de vida favoritos são:

1. ______________________________

2. ______________________________

3. ______________________________

4. ______________________________

5. ______________________________

43ª SEMANA

BRINQUE

Muito de uma coisa boa é excelente.

MAE WEST

HÁ POUCO TEMPO NÓS TIVEMOS, depois de uma noite muito quente e úmida, um terrível temporal. Depois que a chuvarada passou, eu saí para ver se a umidade tinha diminuído. Quando pus o pé do lado de fora da porta, a sensação que tive me fez lembrar instantaneamente uma época da minha infância em que a garotada do bairro costumava sair de casa depois de uma pancada de chuva para chapinhar e se encharcar nas poças d'água ainda mornas.

Aí me veio uma idéia e eu corri escada acima para perguntar ao meu marido se ele não gostaria de me acompanhar num passeio noturno para eu me divertir um pouco nas poças d'água. Veja, este não é um comportamento típico meu, em geral eu sou bastante séria. Mas, graças a Deus, o meu marido Michael não é. Sem hesitar, ele se levantou e disse: "Claro!", e saímos para a nossa aventura.

Eu chapinhava nas poças pensando em como seria importante poder ter mais desses momentos infantis para equilibrar a minha natureza séria, mais desses momentos de despreocupação em que as crianças têm em mente um único objetivo – DIVERSÃO! Com que rapidez nós esquecemos os prazeres simples da infância...

Foi nesse momento que eu me dei conta de como são importantes as atividades infantis para uma vida adulta agitada. Portanto, eu diria que está na hora de a gente ter uma outra semana divertida, você não acha? (É proibido reclamar!) Só para relaxar, eis aqui algumas sugestões que podem ajudar a despertar a criança que existe em você:

1. Compre uma folha de papel grande e um estojo de bastões para pintura pastel e programe um tempo para desenhar, usando os dedos para misturar as cores.
2. Convide os amigos para almoçar e faça um piquenique na sala da sua casa ou no playground do seu prédio, com cachorro-quente, minissanduíches, pão de queijo, refrigerantes, balas, doces e todo tipo de guloseimas.
3. Compre várias latas de massa de modelar e mantenha-as em seu escritório. Crie um personagem novo a cada semana.
4. Passe uma hora no parque observando a altura das árvores, a cor da relva e os gravetos e pedras que são as jóias da paisagem. Se preferir, use parte desse tempo para procurar por um trevo de quatro folhas.
5. Feche as cortinas, ponha a sua música preferida e dance na sala de estar da sua casa.
6. Suje-se. Vá capinar o quintal, plantar uma árvore ou simplesmente cavar buracos no chão.
7. Vá a uma loja de brinquedos e gaste algum tempo escolhendo o livro para colorir que mais lhe agrade. Deixe-o em seu escritório e roube um tempinho de suas obrigações de adulto todo dia para colorir.
8. Role na areia da praia e depois corra para dar um mergulho no mar.
9. Compre um bambolê e veja se ainda sabe rebolar.
10. Tenha uma conversa séria com o seu cachorro.
11. Faça uma tatuagem temporária.
12. Reúna um grupo de amigos no sábado à noite para brincar de dança das cadeiras ou de algum outro jogo divertido, como mímica, war ou detetive.

13. Dê uma festa à fantasia e capriche na sua produção.
14. Passe quinze minutos imitando o seu gato.

Nós precisamos fazer essas coisas com mais freqüência, se não por outra razão, pelo menos para atrapalhar e interferir na rigidez da nossa vida cotidiana. Pode crer, quando voltei para casa depois de andar na lama, com os pés todos sujos, eu me senti como se tivesse ganho uma milhão de dólares!

O DESAFIO DE AGIR

Para alguns de vocês, as atividades da lista acima podem parecer idiotas e até um pouco constrangedoras. Se é esse o seu caso, então é a *você* mesmo que eu estou me dirigindo! Escolha uma ação e simplesmente execute-a. Você se surpreenderá com a alegria e a criatividade que o seu lado infantil acrescentará à sua vida.

44ª SEMANA

CUIDADO MENTAL

Não vou permitir que ninguém ande pela minha mente com os pés sujos.

MAHATMA GANDHI

JÁ SABEMOS DA IMPORTÂNCIA de eliminar das nossas vidas a balbúrdia e tudo aquilo que rouba nossa energia para não nos sentirmos exaustos nem oprimidos. O que talvez alguns ainda não tenham percebido é que este conceito também diz respeito à nossa mente.

As coisas que deixamos entrar em nossa mente através dos olhos e dos ouvidos (rádio, televisão, jornais, conversas, e assim por diante) têm um impacto impressionante no nosso bem-estar. Muitos anos atrás, durante um seminário, eu conheci um projeto de pesquisa, dirigido por um físico, cujo objetivo era determinar o impacto das imagens visuais sobre o corpo humano. Os resultados mostraram claramente que o nosso sistema imunológico é diretamente influenciado por tudo o que a gente vê. Os pesquisadores pediram a um grupo de voluntários que assistisse a uma hora do filme *A Profecia* e descobriram que os seus sistemas imunológicos ficaram deprimidos durante trinta dias!

As coisas que ouvimos e sentimos também podem afetar o nosso sistema imunológico. Pense, por exemplo, nos seus relacionamentos. Há em sua vida pessoas que costumam dizer coisas que minam suas energias ou provocam toda a sua raiva? Você sabia que esses sentimentos realmente enfraquecem o seu sistema imunológico? Inversamente, as pessoas que lhe dão amor reforçam o seu sistema imunológico. Veja só os resultados deste estudo realizado pelo Institute of HeartMath, uma organização sem fins lucrativos da Califórnia que desenvolve programas destinados a ajudar as pessoas a reduzir o estresse e aumentar a produtividade.

Os pesquisadores do HeartMath mediram os níveis normais de IgA – o anticorpo que intercepta germes invasores e patogênicos – em um grupo de voluntários e lhes pediram que passassem cinco minutos lembrando de alguma coisa que os deixassem com raiva. Passados os cinco minutos, os níveis de IgA dos voluntários foram medidos e descobriu-se que haviam subido. Uma nova medição foi feita uma hora depois e descobriu-se que os níveis de IgA haviam caído para menos da metade do nível normal. E, como não bastasse, os pesquisadores descobriram que os níveis de IgA dos voluntários continuavam abaixo do normal *seis horas* depois do teste com as lembranças negativas.

Depois o mesmo grupo foi submetido a outro teste, desta vez depois de solicitados a passar cinco minutos se lembrando de alguma situação em que se sentiram queridos e amados. Descobriu-se que os níveis de IgA dos voluntários haviam subido até um pouco acima do nível obtido em resposta aos sentimentos de raiva. Depois de uma hora, os níveis de IgA haviam baixado, mas durante as seis horas seguintes se mantiveram ligeiramente acima do normal.

O que nos diz esse estudo a respeito da influência dos relacionamentos sobre a nossa saúde? Nada que seja definitivo, mas talvez seja bom você refletir se as pessoas que fazem parte de sua vida estão lhe tratando de uma forma que traz felicidade ou ressentimento.

Saber que tudo o que você vê, ouve e sente influencia a sua saúde o torna mais consciente do seu cuidado pessoal mental. Pense no que acontece quando você lê uma história violenta nos jornais ou toma conhecimento das tragédias do dia no telejornal da noite! Eu tenho certeza de que não é só o seu corpo que fica negativamente influenciado: o impacto é também emocional e espiritual.

Já notou que o seu humor se altera quando você assiste a um programa de televisão violento ou escuta notícias de crimes?

Pense na sua mente como um quarto grande, mas de espaço limitado. Em vez de permitir que as informações se amontoem aleatoriamente, lembre-se de que todas elas têm algum tipo de influência. Escolha com critério. Se você está assistindo a um filme que se torna violento ou ofensivo de repente, não tenha vergonha de levantar e ir embora. Se perdeu o interesse pelo livro que está lendo, não force a barra para chegar até o final enchendo a sua cabeça de informações inúteis. Pare onde está e deixe o livro pra lá. Observe só o que acontece em sua vida quando você seleciona com critério o que entra na sua mente. Afinal, o que temos dentro dela é o que aparece na nossa vida quando a gente menos espera.

O DESAFIO DE AGIR

Esta semana pratique o cuidado pessoal mental. Faça um bem ao seu corpo, à sua mente e à sua alma substituindo os programas de televisão e as conversas que deixam você de baixo astral por coisas positivas, que ajudem a levantar o espírito. Largue as bobagens da TV e vá ler um bom livro. Em vez de noticiário, ouça uma boa música a caminho do trabalho. É bem possível que essas escolhas lhe causem um certo desconforto no início, mas, se você insistir, a paz e a serenidade (e uma saúde melhor também) estarão esperando por você do outro lado!

45ª SEMANA

PESSOAS E PRIORIDADES

Faça tudo em conexão.

ED SHEA

QUANDO A MINHA AGITADA temporada de viagens começa a amainar, eu uso o tempo matinal em que escrevo o meu diário para reavaliar minhas prioridades para o ano seguinte. E fico muito grata pelo que aconteceu em minha vida no ano que passou. O sucesso do meu primeiro livro e a oportunidade de viajar e conhecer pessoas maravilhosas é um sonho que se tornou realidade. É um trabalho árduo, mas que me traz muitas recompensas.

Um dos maiores presentes que a minha pesada agenda de viagens me deu é uma visão mais clara das coisas realmente importantes. Ficar fora de casa e passar menos tempo com as pessoas queridas me ajuda a dar às coisas uma perspectiva mais verdadeira.

Um livro editado e uma intensa vida pública são realizações fascinantes, mas que empalidecem ao lado das ligações mais profundas e duradouras que eu compartilho com a minha família e os meus amigos. Precisei passar um ano fora e realizar um antigo sonho para entendê-lo profundamente.

Quando uma pessoa chega ao fim da vida, não são as suas realizações, o seu sucesso profissional e o tamanho da sua conta bancária que importam. São as pessoas que ela ama e por quem é amada que fazem a sua vida (e o seu coração) se sentirem preenchidos. Nós não valorizamos como deveríamos os relacionamentos mais importantes da nossa vida. Ao nos envolvermos em nossos inúmeros afazeres, as primeiras pessoas a pagarem o preço são as que estão mais próximas de nós – maridos e esposas, filhos, amigos. As responsabilidades da vida vão determinando os nossos passos e nós acabamos dando desculpas e mais desculpas para os nossos entes queridos na certeza de que eles entenderão (e, em geral, eles entendem mesmo, pelo menos durante algum tempo).

Fazer dos seus relacionamentos uma prioridade máxima pode significar dizer "não" ao seu patrão quando ele lhe pede que trabalhe até mais tarde porque você quer jantar com a sua família. Às vezes as escolhas são ainda mais dolorosas, como abrir mão de uma bela oportunidade profissional para não obrigar a família a mudar de cidade. Se dermos às pessoas em nossas vidas uma alta prioridade, veremos no final que as recompensas valeram os sacrifícios. Nossas carreiras podem ser importantes, mas os relacionamentos com as pessoas que amamos são para toda a vida.

Pensando nos planos para o próximo ano, eu decidi dar aos meus relacionamentos uma prioridade maior. Para isso eu vou ter de dizer "não" a coisas que eu gostaria muito de fazer. Vou precisar enfrentar o medo de perder terreno por dedicar menos tempo às atividades profissionais. Talvez tenha de desistir de uma palestra importante para comemorar um acontecimento especial com minha família e meus amigos. Ou estender o prazo de entrega de um livro para reduzir o nível de estresse e poder desfrutar plenamente a companhia deles.

E mais, vou ter também de investir mais tempo e energia para aprender a me relacionar com eles de um modo mais íntimo e profundo. E você? Também tem vontade de investir mais profundamente em seus relacionamentos mais importantes? Tem alguém precisando do seu carinho e atenção? Algum relacionamento que está negligenciando? E as coisas novas que vai precisar aprender para poder aprofundar seus relacionamentos? Você é capaz de ouvir sem julgar, de analisar seus sentimentos com honestidade, de olhar de frente um problema complicado, ou prefere usar o silêncio para evitar a intimidade?

Não permita que os dias atarefados roubem de você o que realmente conta no balanço final de uma vida longa e plena. Reconsidere as suas prioridades e dê a si mesmo (e aos outros) o presente do seu amor e atenção.

O DESAFIO DE AGIR

Quando terminar este capítulo, reflita durante alguns minutos sobre o seguinte:

1. Quem são as pessoas de suas relações que mais importam para você?
2. Que tipo de atenção ou cuidado esses relacionamentos exigem?
3. Que nova capacidade você precisa adquirir para investir mais profundamente nesses relacionamentos?
4. O que vai *fazer* de diferente para assegurar que seus relacionamentos tenham a atenção que merecem?

46ª SEMANA

DÊ ÓTIMOS PRESENTES

Vive-se do que se ganha, mas a vida é feita do que se dá.

WINSTON CHURCHILL

EM NOME DOS RELACIONAMENTOS e das festas de fim de ano que se aproximam, eu resolvi usar este capítulo para compartilhar com você as minhas cinco idéias favoritas para presentear. São sugestões pensadas para estimular sua criatividade e aprofundar, ao mesmo tempo, o seu relacionamento com a família e os amigos.

1. **Escreva uma carta de amor (ou um poema) para o seu parceiro ou sua parceira.** Quantas vezes você suou para achar o presente perfeito para o seu amor e no final teve de se contentar com alguma coisa medíocre? Bem, se já recebeu uma carta de amor algum dia, sabe que este é um presente especial (para homens e mulheres!). Reserve algum tempo para colocar seus sentimentos num papel bonito. Depois de terminar a carta, ou o poema, coloque num belo envelope. Se não tem segurança de suas aptidões literárias, relaxe. Você pode, por exemplo, criar uma lista com "As dez razões por que eu te amo".
2. **Escreva um livro para alguém que você ama.** É muito mais fácil do que parece e pode ser um belo projeto criativo para quem anseia publicar um livro algum dia. Pense nisso como um exercício. Escolha alguém especial (marido, mulher, namorado ou namorada, parente ou amigo), compre um diário pequeno e

bonito e escreva uma página por dia durante as próximas semanas.

Eu fiz isso para o meu marido Michael durante um ano. Todo dia eu escrevia uma carta refletindo sobre alguma coisa nele que eu admirava, amava ou respeitava, ou ainda sobre algum aspecto do nosso relacionamento, nossos objetivos comuns. Tinha dias em que eu me sentia inspirada a escrever mais do que uma página. Quando o Natal chegou, eu já havia preenchido um pequeno livro, e este foi o presente mais significativo que dei para ele em toda a nossa vida juntos.

3. **Planeje uma surpresa.** Escolha alguém especial e planeje um acontecimento que você sabe que o presenteado vai amar de verdade. Escolha uma data, crie um convite misterioso e coloque-o num envelope bonito.

   Um de meus clientes fez isso para a mulher. Descobriu um hotelzinho romântico e planejou um fim de semana fora no começo de janeiro. Como foi um presente-surpresa, a mulher acabou tendo uma temporada de férias ampliada, com direito a um descanso inesperado.

4. **Dê de presente o seu tempo e a sua energia.** Pense na ajuda que as pessoas mais chegadas a você gostariam de receber e ofereça-a como presente. Que tal, por exemplo, ficar com as crianças de seu irmão ou irmã, ou contratar uma babá, para eles poderem passar um fim de semana fora? Ou dar uma força a um amigo que está precisando organizar seus livros? Ou cozinhar para sua mãe que não tem ninguém para ajudá-la? Escreva um cartão divertido (com a data verdadeira do "serviço" que você irá prestar), coloque-o num envelope bonito e embrulhe para presente.

5. **Tire o peso de cima.** Dê de presente, com cartão e tudo, um serviço que você sabe que pode ser útil a determinada pessoa. Que tal presentear uma amiga que é louca para aprender a cozinhar com aulas de culinária? Você pode também pagar uma

babá para ajudar durante um fim de semana a uma mamãe atarefada (aliás, este é o desejo n.º 1 das minhas ouvintes que têm crianças para cuidar).

Quem sabe usando algumas dessas idéias você volte a curtir as compras de Natal?

O DESAFIO DE AGIR

Escolha uma das idéias da lista acima e divirta-se. Quanto mais cedo você começar, mais significativo será o presente, para você e para o feliz presenteado.

As pessoas para quem eu gostaria de dar um presente especial são:

1. ______________________________

2. ______________________________

3. ______________________________

O presente que eu vou dar para cada uma delas é:

1. ______________________________

2. ______________________________

3. ______________________________

47ª SEMANA

O JOGO DO "MUITO OBRIGADO"

Se a única oração que você diz em sua vida é "muito obrigado", isso basta.

MEISTER ECKHART

EU QUERO CONVIDÁ-LO PARA participar de um jogo, que criei inspirada no exemplo do meu pai. Eu sempre me lembro que ele adorava surpreender as pessoas com pequenos gestos de gratidão. Ele era conhecido por mandar cestas de frutas para as casas de repouso da região onde morávamos e miniaturas de árvore de Natal para seus clientes idosos. Um dia ele chegou a correr atrás de um caminhão de lixo para dar dinheiro aos trabalhadores para eles tomarem café. Meu pai é um homem muito especial.

O objetivo do jogo desta semana – vamos chamá-lo de jogo do "Muito Obrigado" – é descobrir formas criativas e baratas de agradecer às pessoas que são uma parte importante da sua vida, mas que costumam passar despercebidas. Por exemplo, aquelas que lhe prestam serviços todos os dias. Divirta-se! Veja algumas coisas que você poderia fazer:

1. Mandar uma caixa de bombons para os porteiros do seu prédio ou os seguranças do seu condomínio agradecendo pelo trabalho realizado ao longo do ano. Issso significa muito, pode crer!
2. Discar 102 e agradecer à atendente as informações que ela e

suas colegas lhe deram o ano inteiro (não se surpreeenda se ela ficar atônita por alguns momentos).

3. Mandar um cartão de agradecimento a alguém que jamais esperou isso de você, como o seu mecânico, o seu médico ou o seu advogado.
4. Mandar uma torta de chocolate à equipe de uma organização não-governamental que cuida de menores carentes para agradecer-lhes por sua dedicação à causa.
5. Dar uma gorjeta maior do que a usual à pessoa que lhe serve o café ou o almoço todos os dias (pode até convidar essa pessoa para tomar café com você!).
6. Mandar flores para a secretária e escrever um cartão agradecendo os serviços prestados ao longo do ano.

A idéia é liberar o seu espírito criativo e viver a alegria de agradecer aos outros. Jogando o jogo do "Muito Obrigado", você provavelmente descobrirá aquilo que o meu pai aprendeu muitos anos atrás: dizer "muito obrigado" e dar um pouco de si mesmo aos outros é tão bom que você vai querer fazê-lo o ano inteiro.

O DESAFIO DE AGIR

Pare um momento e identifique no seu caderno de telefones as pessoas que ajudam a tornar sua vida mais fácil. Faça uma lista e durante a semana agradeça a uma dessas pessoas a cada dia. Pode ser a moça da lavanderia, o funcionário da agência de correio, o médico, o advogado, o contador, o dono da copiadora ou o seu consultor financeiro.

As sete pessoas a quem eu gostaria de agradecer são:

1. ______________________________

2. ______________________________

3. ______________________________

4. ______________________________

5. ______________________________

6. ______________________________

7. ______________________________

48ª SEMANA

OS BENEFÍCIOS DO TÉDIO

O tédio é o passaporte para a paz.

THOMAS LEONARD

DEPOIS DE UM PERÍODO DE VIAGENS de trabalho longas e freqüentes, eu continuava agitada, correndo de uma reunião para outra e me abastecendo de adrenalina. Tinha esquecido de como era desconfortável a transição para um ritmo mais lento. Desacelerar pode ser uma coisa bastante aborrecida. Felizmente, eu conheço os benefícios do tédio. Quando começo a me sentir entediada, sei que estou me aproximando da paz de espírito por que anseia a minha alma.

Tédio é o sentimento que experimentamos quando temos tempo na agenda e nada para fazer, quando um inesperado tempo livre cai nas nossas mãos ou quando tentamos ficar parados para poder ouvir a nossa sabedoria interior. Não raro sentimos um certo desconforto, e esse desconforto parece tédio.

Eu fiz algumas pesquisas sobre o tédio. Perguntei a vários amigos sobre a sua capacidade de desacelerar e não fazer nada. Para a maioria das pessoas isso não é, claramente, uma coisa fácil de "fazer". Muitos amigos disseram que no momento em que têm tempo à sua disposição se sentem compelidos a fazer alguma coisa. Juntos, nós rimos um bocado com as coisas que fazemos. Veja se consegue identificar algumas delas...

Você sabe que está às voltas com o tédio quando:

1. Leva um jornal ou uma revista em seu carro para ter o que fazer quando fica preso num congestionamento.
2. Começa a esvaziar a sua bolsa ou a carteira quando sobra um tempo antes de um compromisso.
3. Limpa o painel de seu carro com uma flanelinha enquanto espera numa fila demorada de *drive-thru*.
4. Fica espanando os móveis, arrumando as suas roupas por cores e esvaziando as gavetas quando consegue ter uma noite livre só para você.
5. Telefona para uma pessoa que lhe consome toda a energia quando consegue salvar meia hora durante o dia.
6. Começa a vasculhar o catálogo de telefones quando está num quarto de hotel (este exemplo não foi meu!).
7. Você se deixa alugar por uma história sobre um bebê de três cabeças na fila do supermercado.

Numa sociedade movida a adrenalina, aprender a não fazer nada é um desafio e tanto. Para evitar o tédio, nós costumamos preencher a nossa vida com atividades, tarefas e assuntos diversos. Os anos e anos passados com a atenção focada "lá fora" faz com que seja difícil nos darmos espaço e tempo para olhar para dentro e refletir sobre a nossa vida. Muitas vezes o que está por baixo do tédio é o medo do desconhecido, o medo de enfrentar os sonhos não realizados e o desejo de continuar distante dos sentimentos que reprimimos durante anos. Mas, depois que aprender a conviver com o tédio, você vai ver que ele logo dá lugar a uma reflexão mais profunda, que lhe traz, por sua vez, uma sensação de paz e serenidade que alimentará sua vida de um modo inteiramente novo.

Eu aprendi sobre os benefícios do tédio com o meu primeiro treinador pessoal e orientador. Na época em que trabalhamos juntos, ele me desafiou a dominar a arte de ficar entediada para poder alcançar paz de espírito – a coisa que eu mais queria naquela época da minha vida. Para isso eu tive de criar, muito mais do que gostaria, espaço para não fazer nada e aprender a conviver comigo mesma. Entre outras coisas tive de esvaziar a minha agenda para ter mais noites e fins de semana livres para simplesmente deixar a minha mente vagabundear. Precisei pôr de lado vários projetos e objetivos (inclusive alguns que eu queria muito) para limitar as distrações. Tive de parar a minha incansável busca de novas oportunidades e "grandes idéias" para assentar a cabeça, estar com meus próprios pensamentos, identificar minhas verdadeiras prioridades e conectar-me com a força espiritual que me permitiria realizar meus objetivos importantes.

Aprender a não fazer nada é como aprender a meditar. Quando você resolve ficar um tempo consigo mesmo sem fazer nada (nada de TV, nada de livros, nada de telefone e assim por diante), tem de agüentar o período da inquietude até os benefícios começarem a aparecer. Depois que se acostuma, aprende a relaxar, a reduzir o estresse e muitas coisas mais. Aprende a estar com seus pensamentos e a desfrutar a sua própria companhia. Aprende a ter autodisciplina, o que pode ser útil em outras áreas da sua vida. Aprende a não agir por impulso, o que lhe permite tomar melhores decisões.

Quando começar a não fazer nada, é provável que alguns pensamentos fundados no medo tentem levar você de volta ao "fazer". Esses pensamentos são mais ou menos os seguintes:

"Todo mundo está passando à minha frente."
"Estou perdendo oportunidades importantes."
"Não vou subir bastante rápido."
"Estou ficando irresponsável e/ou improdutivo."

São mentiras inventadas pela sua mente na esperança de mantê-lo ocupado e desconectado de seu verdadeiro eu. A verdade é uma só: depois que conseguir enfrentar numa boa seus momentos de tédio e manter uma reserva de espaço em sua vida, você terá uma força espiritual capaz de atrair pessoas, oportunidades e recursos melhores. Se parece exagero, não se fie nas minhas palavras. Experimente você mesmo o tédio. Comece a abrir espaço em sua vida e veja o que acontece.

O DESAFIO DE AGIR

Esta semana procure observar o que você faz para fugir do tédio, para evitar ficar com seus próprios pensamentos. Como é que *você* preenche o seu tempo? Quando detectar essas práticas, enfrente-as. Agüente o desconforto. Respire.

Em seguida, abra espaço em sua vida para praticar a imobilidade. Consulte a sua agenda e faça as mudanças que tiverem de ser feitas para liberar um pouco de tempo. Reflita sobre os seus objetivos, projetos e compromissos e desafie-se a abandonar alguns deles para liberar tempo para você mesmo (que tal cinqüenta por cento deles!?). Procure conviver com esse espaço extra em sua vida durante os próximos dois ou três meses. Vença o tédio para alcançar a paz e a serenidade que estão do outro lado.

Pegue seu diário e tome nota:

As cinco coisas que eu faço para fugir do tédio são:

1. ____________________

2. ____________________

3. ____________________

4. ____________________

5. ____________________

Os três objetivos, projetos e compromissos que eu vou abandonar são:

1. ______________________________

2. ______________________________

3. ______________________________

49ª SEMANA

DÊ UM TEMPO NA LOUCURA

A única dádiva é uma porção de ti mesmo.

RALPH WALDO EMERSON

AQUI ESTAMOS NOVAMENTE EM plena época de festas. Você está correndo atrás de presentes perfeitos? Está se virando com as tarefas natalinas entre uma agenda profissional carregada e as obrigações cotidianas? Já está se perguntando onde fica o espírito de Natal no meio desse caos?

Na era do consumismo e do excesso de informação, é fácil nos sentirmos cansados e sobrecarregados. Muitos de nós anseiam recuperar o espírito de Natal e, no entanto, nos falta energia e motivação para fazer algo a respeito.

Mas você pode fazer uma escolha a respeito da qualidade do seu período de festas. Pode continuar correndo ou pode parar agora mesmo e tomar a decisão de fazer algo diferente. Para dar um novo enfoque às suas festas de fim de ano e ajudar a recuperar o espírito natalino antes que seja tarde demais, eu pensei em algumas sugestões:

1. **Troque a compra de presentes por um jantar com os amigos.** Proponha aos seus amigos um novo ritual. Em vez da troca de presentes, programe uma reunião íntima para *depois* do Natal. A semana entre o Natal e o Ano-Novo é geralmente tranqüila, a maioria das pessoas se sente aliviada e até com o astral um pouco baixo. É a época perfeita para desfrutar a companhia

das pessoas que você ama. E a maioria está mais disponível também.

2. **Crie uma lembrança.** Junte os familiares ou amigos para cantar canções de Natal em casa, na igreja ou em algum retiro de idosos. Chame alguns amigos para organizar com você uma sopa dos pobres e passe uma tarde servindo os necessitados. E que tal tirar um dia para patinar com as crianças ou levá-las a um parque aquático? O verdadeiro espírito de Natal equivale a dar a atenção que a nossa família merece. Se planejar um evento especial, criará uma lembrança maravilhosa que vai durar muito mais do que qualquer presente.
3. **Reduza a compra de presentes.** A minha família adotou uma tradição diferente há alguns anos. Em vez de todos se darem presentes (um bocado de trabalho e despesa, considerando que éramos catorze!), decidimos organizar um amigo oculto. No passado era só para os irmãos, mas hoje nós acrescentamos os sobrinhos e sobrinhas. Isso não só torna as compras menos estressantes como faz com que as crianças recebam menos presentes e possam dar mais valor aos que recebem.
4. **Tire partido da tecnologia.** Compre seus presentes on-line. Reserve uma tarde, coloque um CD com suas músicas preferidas e escolha os presentes pela Internet – você pode comprar livros, CDs, eletroeletrônicos e muitas outras coisas sem precisar sair de casa. Abatendo o tempo que perderia no trânsito e no shopping e somando os descontos on-line, você não só estará economizando dinheiro como terá muito mais tempo para passar com seus familiares.
5. **Mobilize os seus sentidos.** Uma das maneiras mais rápidas de entrar no espírito de Natal é proporcionar aos seus sentidos uma dose de espírito festivo. Desencave a sua canção de Natal favorita e ouça-a o dia inteiro. Acenda um incenso ou uma vela e deixe o aroma lhe trazer boas lembranças. Arrume a sua árvore de Natal com todos os enfeites que foi acumulando ao longo dos

anos e relembre os bons momentos que passou com seus parentes e amigos.

E, finalmente, às vezes a melhor forma de desfrutar as festas é se dar permissão para não participar delas, o que pode ser particularmente importante se você está passando por uma época de transição, se perdeu uma pessoa querida ou se está simplesmente vivendo um período de baixo astral. É perfeitamente correto pôr de lado as expectativas alheias e cuidar bem da sua alma. O importante é lembrar que é *você* quem está no comando do seu próprio Natal. Se não *fizer* alguma coisa diferente, estará perdendo mais um fim de ano para os meios de comunicação, os shoppings centers e a loucura!

O DESAFIO DE AGIR

Pare um momento e identifique duas coisas que você gostaria de fazer de diferente nessa época. Entre em ação *imediatamente* para produzir as mudanças decididas. Depois acrescente alguns "acessórios natalinos" à sua vida. Ouça a sua canção de Natal favorita no trabalho ou saia na hora do almoço para comprar uma guirlanda para a porta do seu escritório.

As duas coisas que eu vou fazer de diferente este ano são:

1. ____

2. ____

Meu acessório natalino favorito é:

50ª SEMANA

SACUDA A SUA VIDA

A sanidade acalma, mas a loucura é mais interessante.

JOHN RUSSELL

ESCREVO ESTE CAPÍTULO NO MEIO de um escritório completamente desmantelado. Decidi finalmente atacar projetos que vinha adiando desde o ano passado, e pintar meu escritório estava no topo da lista. Durante o fim de semana minhas linhas de telefone e fax foram desligadas. A mobília foi coberta com plástico e colocada no meio da sala. E as paredes foram pintadas de uma cor berrante que mais parece um sorvete de framboesa.

Durante a execução desse miniprojeto, o meu bom amigo Steve Shull, um tremendo orientador de Los Angeles, telefonou para avisar que viria à cidade a negócios. Como eu nunca recuso uma oportunidade de estar com um amigo querido, convidei Steve para ficar conosco.

Normalmente eu pensaria que hospedar uma pessoa com a casa nesse estado seria um verdeiro caos, mas, quem diria, foi uma coisa maravilhosa que sacudiu a rotina e me permitiu chutar para o alto as preocupações e me divertir um pouco.

Mudar o ambiente e sacudir a rotina são coisas que fazem bem à alma. Eu nunca poderia pensar, por exemplo, que pintar o escritório com uma cor vibrante desencadearia em mim uma torrente de inspiração criativa. Depois de pintar, lá estava eu querendo mudar completamente a arrumação do escritório. Daí comecei a perambular pela casa imaginando todo tipo de mudanças que gostaria de ver acontecer. Minha alma desfrutava o prazer de criar.

Com a inspiração veio a diversão. Compartilhar nossa casa com um amigo obrigou-me a mudar minha rotina diária. Em vez de começar o dia mergulhando direto no trabalho, nós saíamos para tomar o café da manhã na rua. Durante o dia eu fazia questão de me concentrar no que era prioritário para ter bastante tempo para me divertir à tardinha e à noite.

Dar uma sacudida na vida me rendeu grandes dividendos. Fez-me lembrar onde reside a minha alegria – em ter tempo para expressar o meu espírito criativo e aproveitar a companhia das pessoas que eu amo. E você? Dá pra sacudir um pouco a sua vida? Você tem vontade de fazer alguma mudança em sua rotina? Quando mudamos o panorama externo de nossa vida, nós automaticamente mudamos o panorama interno também. Às vezes isso nos ajuda a ver ainda mais claramente as nossas verdadeiras prioridades. Comigo foi assim.

O DESAFIO DE AGIR

Sacuda um pouco a sua vida esta semana. Mude a posição dos móveis. Faça alguma coisa divertida no meio do expediente. Saia uma noite em que normalmente ficaria em casa e vá jantar com um amigo ou uma amiga. Se trabalha por conta própria, dê uma escapadinha de tarde e vá assistir a um filme. Vá nadar na piscina do clube à noite. É fim de ano, por que você não se deixa levar pelo clima de festas e faz alguma coisa fora do comum?

O que eu vou fazer para sacudir a minha vida é:

____

51ª SEMANA

SÃ E ESPECIAL

A imaginação é a grande arma na guerra contra a realidade.

JULES DE GAULTIER

NESTA ÚLTIMA SEMANA ANTES das festas e da loucura de fim de ano eu gostaria de lhe sugerir algumas coisas simples para ajudar a fazer desta uma semana sã e especial.

1. *Sorria mais* – mesmo sentindo-se sob pressão e por um fio, você pode dar ao seu corpo um aspecto alegre mantendo um sorriso no rosto durante pelo menos trinta segundos. Experimente agora mesmo.
2. Ponha a família (ou os amigos) no carro, coloque um CD com velhas canções natalinas e saia uma noite para *ver a iluminação de Natal* da sua cidade. Esse tipo de programa é inesquecível. Eu ainda me lembro da minha avó de setenta anos louca de alegria quando eu e minhas irmãs a levamos, há muitos anos, para passear pela cidade para ver a decoração de Natal.
3. Depois que forem todos para a cama, *sente-se em silêncio ao lado da árvore de Natal* e desfrute cinco minutos de silêncio enquanto observa as luzes do pisca-pisca acenderem e apagarem.
4. *Ajude seus pais*. Dar um pouco de si aos outros sempre torna as festas especiais. Numa visita à minha prima e colega orientadora Sharon Day (uma mãe espetacular), ela falou de como os pais são muitas vezes pouco valorizados e reconhecidos. Pois as fes-

tas são a época perfeita para valorizar quem optou pela mais sagrada das profissões – criar os filhos. Esta semana mande para sua mãe ou seu pai um cartão especial ou um e-mail agradecendo-lhes por tudo o que eles fizeram e ainda fazem (não hesite em se oferecer para ajudar a preparar a ceia ou embrulhar os presentes!).

5. *Pratique "cantar no tráfego"*. Um dia em que eu e meu marido Michael fomos às compras, demos com um homem muito bem-vestido dançando em seu assento e cantando a plenos pulmões no carro atrás de nós. Michael começou a rir, e curtimos tanto a alegria dele que tive vontade de sair e agradecer-lhe por melhorar a qualidade do nosso dia. Comece a cantar quando ficar preso nos engarrafamentos de trânsito comuns nessa época do ano e acrescente um pouco de alegria aos que estão à sua volta.

Quer você aceite uma das sugestões acima ou crie alguma coisa de sua própria cabeça, eu desejo a todos, de coração, um fim de ano inesquecível.

O DESAFIO DE AGIR

Uma ação simples esta semana:

Respire...

51ª SEMANA

O PODER DA ORAÇÃO

A alma cresce quando dá e recebe amor.
Afinal, amar é um verbo, uma palavra de ação, não um substantivo.

JOAN BORYSENKO

AO LONGO DESSAS CINQÜENTA E UMA semanas, eu procurei focar cada capítulo em uma estratégia de cuidado pessoal que ajudasse a melhorar sua qualidade de vida. Fiz isso por um razão muito importante: a experiência me ensinou que, quando cuidamos mais atentamente de nós mesmos, acabamos cuidando mais atentamente dos outros e deste planeta que compartilhamos.

À medida que a minha vida se desdobra, eu me sinto cada vez mais agradecida. E é por causa dessa gratidão que me sinto responsável por dar uma contribuição maior para o mundo. E eu estou certa de que você, ao praticar essas estratégias e buscar um senso de propósito e significado para a sua vida, sente em seu coração uma abertura semelhante.

O fim de um ano excepcional e o início de outro são a época perfeita para refletir sobre como compartilhar a sua boa sorte. Como você pode transmitir ao mundo o que aprendeu nessas páginas, como pode ajudar a melhorar a qualidade de vida das outras pessoas? Que dádivas gostaria de dividir com todos aqueles que têm necessidade?

Ajudar o próximo é a forma mais elevada de envolvimento espiritual. Nesta nossa última semana eu gostaria de convidá-lo a criar um novo ritual diário de ajuda ao próximo para que você abra regularmente o seu coração aos outros. Há muitas coisas que você pode fazer. Pode optar por ajudar uma pessoa necessitada, levando, por exemplo, uma refeição para um vizinho idoso ou dando uma força para um colega de trabalho que vem sendo perseguido pelo chefe. Pode contribuir para uma campanha contra a fome ou em prol de crianças carentes.

Uma ação diária de ajuda ao próximo pode ser algo tão simples como ouvir uma pessoa, dar passagem para um estranho no trânsito movimentado ou ceder seu lugar no ônibus ou no metrô para um idoso. É uma simples questão de procurar oportunidades de ajudar pelo menos uma pessoa a cada dia.

Além de ajudar as pessoas diretamente, você pode optar por oferecer o seu tempo, a sua atenção ou os seus recursos de outras formas. Um dos meus rituais favoritos de ajuda ao próximo está relacionado ao poder da oração. Eu mantenho em meu escritório uma vela especial. Quando um amigo, parente, cliente ou membro da minha comunidade on-line precisa, eu acendo a vela e rezo por uma solução positiva para o problema ou desafio da pessoa. Acredito firmemente no poder da oração para criar milagres em nossa vida. Eu aprendi desde cedo que, quando várias pessoas unem forças, quando juntam seus corações e mentes numa mesma direção positiva, os milagres acontecem. Vou contar-lhes uma história que demonstra o que estou dizendo.

Muitos anos atrás, a filha recém-nascida do meu irmão ficou gravemente doente. Ela contraiu um vírus respiratório raro e ficou hospitalizada entre a vida e a morte. Eu temia por meu irmão e minha cunhada e queria desesperadamente fazer alguma coisa para ajudar.

Nessa época eu estava lendo *Palavras que Curam*, de Larry Dossey, um livro sobre as pesquisas que estavam sendo feitas sobre a eficácia da oração. Dossey havia compilado mais de cento e trinta estudos científicos no campo da cura que tratavam da oração. Mais da metade dessas experiências apresentava fortes indicações de que a oração funcionava de verdade. Embora não soubesse disso na época, eu estava prestes a conduzir a minha experiência pessoal.

No dia em que o quadro da minha sobrinha se agravou, eu mandei um e-mail a todas as pessoas que conhecia, pedindo-lhes que parassem o que estivessem fazendo, acendessem uma vela e rezassem para que ela ficasse curada. Eu estava assustada, por isso incluí nesse pedido de ajuda todas as pessoas de quem fui capaz de me lembrar. Depois de enviar a mensagem, acendi uma vela e comecei eu mesma a rezar.

Eu me senti confortada por receber vários e-mails de pessoas que me diziam estar rezando e desejando melhoras (umas cinqüenta no total). No meio daquela noite, minha sobrinha teve o que os médicos chamaram de uma "recuperação milagrosa". Eles ficaram surpresos quando viram o estado dela passar de crítico a estável em poucas horas.

Foram as orações que a curaram? Certeza eu nunca vou ter, mas essa experiência me ensinou uma coisa. Ensinou-me a apostar as minhas fichas no poder que o Divino tem de se manifestar através das pessoas. Aprendi que, quando as pessoas compartilham um desejo com base no amor, os milagres acontecem.

O que essa história tem a ver com o encerramento deste livro? Eu gostaria que você, ao entrar no próximo ano da sua vida, além de criar o ritual diário de ajuda ao próximo que aparece no Desafio de Agir, aceitasse este convite e se unisse a mim num ritual para celebrar a conclusão do seu trabalho.

Quando chegar ao final deste livro, acenda uma vela, sente-se em silêncio e imagine um mundo em que todo ser humano tem o que comer, é livre e não sente medo. Sinta o mundo movendo-se calma e pacificamente em direção a uma época de ouro, em que a sabedoria e o amor sejam uma poderosa força de mudança. Não importa se você acredita ou não no poder da oração, deseje assim mesmo. A gente nunca sabe, vai ver existe um milagre à nossa espera agora mesmo...

O DESAFIO DE AGIR

Eu quero lhe fazer um convite: gostaria que você compartilhasse seu amor, seu conhecimento, seu dinheiro, seu tempo, sua atenção ou qualquer outra coisa que tenha a oferecer com alguém que esteja precisando. Crie o seu próprio ritual diário de ajuda ao próximo e coloque-o em prática. Lembre-se da sua dádiva diária de ajuda marcando um "O.k." em seu calendário ao final de cada dia. Ou, então, comece o seu dia simplesmente perguntando-se "Como é que eu vou ajudar uma pessoa hoje?" e escreva a resposta em seu diário.

Compartilhe o que aprendeu nestas páginas com pessoas que queiram se beneficiar da sua sabedoria e experiência. Quer você faça uma doação para uma boa causa, ofereça apoio a um colega de trabalho ou doe sangue, dê a você mesmo a oportunidade de abrir seu coração e experimentar o poder da ajuda ao próximo.

As pessoas que eu mais gostaria de ajudar são:

____

A forma como eu posso contribuir é:

____

A primeira coisa que eu vou fazer para pôr em prática meu novo ritual de ajuda ao próximo é:

____

Conheça outros títulos da Editora Sextante

Cheryl Richardson
Sua Vida em Primeiro Lugar

Neste livro, Cheryl Richardson será sua orientadora e parceira. Ela vai ajudar você a superar os obstáculos que impedem que sua vida tome o rumo que deseja. Ao longo deste treinamento, você vai aprender a organizar suas finanças, definir suas prioridades e assumir o controle total da sua vida!

David Niven
Os 100 Segredos dos Bons Relacionamentos

Depois de analisar estudos sobre os hábitos de casamento de milhares de pessoas, o psicólogo David Niven reuniu conselhos e histórias para orientar todos aqueles que desejam ter uma relação sólida e feliz.

Iyanla Vanzant
A Vida Vai Dar Certo para Mim

Este livro é um guia para o crescimento pessoal e espiritual, uma esplêndida oportunidade de você se conhecer, se entender e descobrir a essência do seu ser. Quando você se dedica a curar o seu mundo interior, se amando e se respeitando, todas as riquezas deste mundo vêm até você. Com a intensidade e a beleza de suas palavras, Iyanla Vanzant oferece 365 lições de vida neste livro, uma para cada dia do ano.

Sandra Ford Walston
Coragem

Algumas mulheres demonstram coragem de desenvolver suas plenas potencialidades, lutar contra a injustiça, aceitar a fé e escolher seu caminho. Será que elas são exceções, ou todas nós podemos reivindicar essa força de caráter para viver a vida à nossa maneira? Sandra Ford Walston acredita que a coragem está no "fundo do coração" de todas as mulheres. Neste livro, ela investiga onde esta antiga virtude feminina se encaixa no mundo de hoje.

Tim Sanders
O Amor É a Melhor Estratégia

Ter um trabalho gratificante, ganhar o respeito e a amizade dos colegas, ser capaz de aprender sempre mais, fazer mais negócios, influenciar positivamente as pessoas – estes são os temas de *O Amor É a Melhor Estratégia*. Tim Sanders apresenta os três pilares do sucesso e da realização profissional: conhecimento, rede de relacionamentos e compaixão.

Ernie J. Zelinski
Levando a Vida numa Boa

A felicidade requer trabalho, mas não um trabalho intenso, como acredita a maioria das pessoas. Acima de tudo, a felicidade requer que se preste atenção à vida. Por isso, todos deveríamos ter um pequeno livro como este para ser consultado de tempos em tempos.

Rita Emmett
Não Deixe para Depois o que Você Pode Fazer Agora

É fácil cair na tentação de deixar para amanhã um trabalho ou obrigação que deveria ser feito hoje. Quase todo mundo empurra de vez em quando alguma tarefa com a barriga, seja por preguiça, medo, falta de organização ou excesso de compromissos. Neste livro, Rita Emmet ensina como você pode parar de adiar as coisas, tornar-se mais produtivo e desenvolver prioridades que reflitam suas metas e valores pessoais.

Hugh Prather
Não Leve a Vida Tão a Sério

A vida não precisa ser tão complicada quanto insistimos em torná-la. A simples decisão de não se agarrar aos problemas pode melhorar – e muito – nossas vidas. É isso o que Hugh Prather nos mostra, com humor e clareza, neste livro. Ele escreve sobre as dificuldades do dia-a-dia e nos dá ferramentas para contorná-las, mudando o que há de mais importante na vida: nossa atitude mental e a forma de reagir aos inevitáveis contratempos.

Augusto Cury
Revolucione Sua Qualidade de Vida

As pessoas não se dão conta das pequenas mudanças que destroem seus relacionamentos, metas, carreira, saúde física e emocional. Muitos jovens só enxergam que estão com problemas quando se tornam adultos frustrados. Neste livro, você vai aprender a gerenciar seus pensamentos, trabalhar suas perdas, se tornar líder de si mesmo e ser feliz.

Conheça os 25 livros mais vendidos da Sextante

– *Muitas Vidas, Muitos Mestres, Só o Amor É Real* e *Meditando com Brian Weiss*, de Brian Weiss
– *Conversando com os Espíritos* e *Em Busca da Espiritualidade*, de James Van Praagh
– *A Última Grande Lição*, de Mitch Albom
– *Enquanto o Amor Não Vem*, de Iyanla Vanzant
– *A Oração de São Francisco*, de Leonardo Boff
– *O Ócio Criativo*, de Domenico De Masi
– *Mantenha o Seu Cérebro Vivo*, de Katz e Rubin
– *Por que os Homens Fazem Sexo e as Mulheres Fazem Amor?*, de Allan e Barbara Pease
– *Uma Ética para o Novo Milênio* e *Palavras de Sabedoria*, do Dalai-Lama
– *Histórias para Aquecer o Coração*, de Mark Victor Hansen e Jack Canfield
– *100 Segredos das Pessoas Felizes* e *100 Segredos das Pessoas de Sucesso*, de David Niven
– *Aprendendo a Gostar de Si Mesmo*, de Louise Hay
– *Um Dia "Daqueles"*, *Querida Mamãe* e *O Sentido da Vida*, de Bradley Trevor Greive
– *Você É Insubstituível* e *Dez Leis para Ser Feliz*, de Augusto Cury
– *A Vida É Bela*, de Dominique Glocheux
– *Faça o que Tem de Ser Feito*, de Bob Nelson
– *Não Leve a Vida Tão a Sério*, de Hugh Prather

INFORMAÇÕES SOBRE OS PRÓXIMOS LANÇAMENTOS

Para receber informações sobre os próximos lançamentos da EDITORA SEXTANTE, queira entrar em contato com nossa Central de Atendimento, dando seu nome, endereço e telefone para:

EDITORA SEXTANTE
Rua Voluntários da Pátria 45 – Gr. 1.404 – Botafogo
22270-000 – Rio de Janeiro – RJ
Tel.: (21) 2286-9944 – Fax: (21) 2286-9244
DDG: 0800-22-6306 (ligação gratuita)
E-mail: atendimento@esextante.com.br

Para saber mais sobre nossos títulos e autores, e enviar seus comentários sobre este livro, visite o nosso site:

www.sextante.com.br

PAPEL
CHAMOIS-BULK alta performance alcalino

Esse livro foi impresso em papel Chamois Bulk Alta Performance Dunas 90g/m² da Ripasa S/A Celulose e Papel produzido a partir de floresta plantada de eucalipto.